はじめよう！性教育

すべての子どもが性を学ぶための入門書

浅井春夫　編

笹良秀美　赤嶺美保子　嘉手川重常　佐藤明子

村瀬幸浩　船越裕輝　渡辺大輔　安達倭雅子

内藤　茂　関口久志　田部こころ

ボーダーインク

はじめに ― 子どもの現実から求められる性教育

浅井春夫（立教大学）

性教育の花を咲かせよう！

性教育の花を咲かせて、すべての子どもに性を学ぶ権利を保障したいと願って本書を出版しました。そしてこの花はタンポポのように、種子が飛んでいき、そこで根づいてまた花開かせていくことを願っています。本書の内容はまさに「性教育入門」となっています。実践に足を踏み出す上で参考にしてもらえるポイントが整理して書かれていますので、性教育に関心のあるすべての方に読んでいただきたいと願っています。

全国の性教育の理論と実践をリードしてきたベテランと沖縄で真摯に性教育に取り組んできたチャレンジャーがコラボして作り上げた入門書となっています。沖縄のそれぞれの現場で子どもたちに、どのように向かっているのかを知ることは、あらためて私たちに熱い勇気をもたらすものと思います。沖縄に性教育を根づかせたい！　それが本書を出版したエネルギーの原点です。

本書の特徴

本書の特徴は、①性教育のエッセンス（基本的な考え方と実践方法、具体的な実践事例など）をコンパクトにまとめ、②実践・運営方法についても具体的に示し、③それらの内容をアレンジして使える構成となっています。

本書の内容は子どもの性の現状から、幼児期、女の子・男の子への性教育、障害児・者、性的マイノリティ、児童福祉施設の子どもたちへの性教育、もう一度性教育の必要性の確認を、そして学校での性教育のすすめ方、世界の性教育から学ぶことなどが網羅されています。どうぞ本書を手許において性教育に踏み出すための参考にしていただきたいと願っています。

本書を読んでいただいたうえで、これから本気で性教育に取り組もうと考えられるのであれば、ぜひ巻末に紹介した30の著書から読んでいただきたいと願っています。

おとなの勇気が試されている

性教育にチャレンジするかどうかは、おとなたちの勇気が問われる問題です。わが国は性教育においては〝太平洋の孤島〟となっており、世界の性教育の流れから大きく取り残されています。その現実は、子どもたち・青年たちの性的な発達が保障されないまま社会の荒波に漂わなければならないということでもあるのです。

おとなたちは何かトラブルがあったら、「責任をとれ！」などと子どもや青年たちに迫ることがありますが、自らの行動の意味とその結果を予測するちからがないままでいる限り、責任の取りようがありません。

文部科学省をはじめとした各都道府県教育委員会、各自治体の教育行政に関わる行政関係者、教育現場の管理職の方々、第一線の教師と子どもと関わる専門職の方々に心から訴えたいと思います。世界の流れは、子どもを大切にするために、性教育を必修・義務教育化している教育システムやカリキュラムの現実があります。子どもの人格的発達と成長を保障するためには性教育を学ぶことは必須課題となっているのです。学校での実践とともに、諸機関・団体とも地域ぐるみのネットワークを創りながら子どもたちに性教育を届けたいものです。

沖縄の子どもたちの性に関わる現実については「第1章　子どもの性の現実―びっくりしないでね！」をお読みいただきたいと思います。沖縄においても全国においても子どもたちの現実は待ったなしの状況です。沖縄の子どもの現実については、『沖縄子ども白書』（ボーダーインク、2010年）をぜひお読みいただきたいと思います。

性教育実践もまたはじめから完璧な実践などあるはずがありません。しかし子どもに語りかけていく努力を、いろいろな理由をつけて放棄しないおとなの姿勢が問われていると思うのです。そうしたおとなの姿を子どもたちはみているのではないでしょうか。

本書がそうしたおとなたちが手にとっていただけることを心から願ってやみません。性教育の幕開けを再び創っていこうではありませんか。

目次

はじめよう！　性教育

第1章　子どもの性の現実　―びっくりしないでね！

10代が接する性情報

笹良秀美（助産師　思春期保健相談士）

はじめに　沖縄は離島県？　子どもたちの性の実状

沖縄県は1972年の日本本土復帰以来、常に先行く本土に追いつけ追い越せと走ってきました。県経済、県民所得、児童福祉、学力問題など大半の現状において、未だ本土並みの水準に至っていませんが、子どもたちを取り巻く環境は携帯電話やPC（パソコン）の普及、メディアのグローバル化に伴い、もの凄いスピードで変化し続けています。特にその中でも性に関する環境は、決して離島県とは言えない状況があります。

私は地域の助産師、思春期保健相談士として新生児訪問の現場で多くの10代の予期せぬ妊娠、出産、その後の育児がままならない母親たちに接してきました。母親たちの多くはシングルマザーで出産することを余儀なくされ、また、自身も母子家庭や父子家庭で育ってきた子どもたちで、貧困や寂しさの中でくり返される「負の連鎖」と言える状況が起きているのが実状です。私はこのような実状を目の当たりにして、沖縄の子どもたち一人ひとりの未来が平等に切り開かれ幸せな人生が送られるように支援していきたい、自分の人生を自身のために歩めるように自分を大切にして欲しいという思いから性教育に取り組んでいます。性教育実践の現場で感じるものに、子どもたちと大人たちとの「性」への関心の違いがあります。沖縄の大人たちは「沖縄の子は純粋だから……」、「沖縄は都会とは違うから……」などいわゆる「寝た子を起こすな」的な発言をよくします。本当にそうなのでしょうか？　２００７年度に実施された県教育委員会の「性に関する意識調査」では実に中学生の66％が性交を肯定しています

この結果は全国的にも見られる傾向で、子どもたちの性意識、性行動において、沖縄県は本土並みでそれ以上の問題（若年出産、シングルマザー、育児放棄）を抱えているといえます。

1　性教育実践の現場から

指導学年	教科時間	個別指導	内容	単位	指導した者	形式
小学校４年	保健体育	なし	からだを清潔にすること、男女のからだの違い、生命のなりたち	学級	担任	講義
中学校１年	保健体育	なし	エイズを含めた性感染症、男女のからだの違い、二次性徴	学級	教科担任	講義
高校２年	保健体育	６時間以上	妊娠・出産、エイズを含めた性感染症、男女のからだの違い	学級	教科担任	講義

＊県の「健やかおきなわ２０１０」での報告で最も回答率が高かった性教育内容（表１）

現在、県内の小・中・高の学校のほぼ１００％に近い割合で性教育が実施されています。しかし、その内容は学校別によって様々で実施学年や時間、指導者も多岐に渡っています。

家庭内での性教育に関しては、保護者の63・7％が「重要である」と感じていますが、性に関する会話も「ほとんどない」「全くない」を合わせて62・9％で性教育の大切さを認識しながらも親子で話し合う機会が少ないことが明らかになっています。また、学校と保護者の性教育に対する意識で、性教育は大切と考えながらも、実施する場という点になると学校では「家庭」42・7％、保護者は「学校」36・8％と実施に対して互いに慎重になる姿勢が見えてきます（２００5年県教育委員会調べ）。

では、子どもたちは性教育に関してどのような意識を持っているのでしょうか？　現場で聞いた実際の声には、少数の「性の話は聞きたくなかった」「正直、聞いているのがつらかった」などの否定的なものもありますが、多くは「とても大切なことを話しているのだと思った」「性についてきちんと考え直したい」「お母さんと性の話をしたい」と、子どもたちが性について大切で、学校でも家庭でも性教育を受けたいと思っていることがわかります。

２０１１年度の私の性教育実践例からは、小学校は低学年・中学年・高学年と３つの学年に分け、中学校は各学年対応として実施しました。以下、性教育内容のテーマをあげておきます。

●小学校低学年
つながる命　生命の大切さの視点から
からだの構造と性器の名称、役割
プライベートゾーン　性被害から身を守る
友だちと仲良く　男女間の思いやり
（視覚的教材、絵本、パネルの使用）

●小学校中学年（低学年の内容に加えて）
思春期の発来
月経と射精について
からだを清潔にする

●小学校高学年
思春期の特性　心理的側面を中心に
性ホルモンの分泌
性情報の選択
異性への思いやりを育む

●中学校（小学校高学年の内容に加え）
性感染症や予期せぬ妊娠などの性問題
デートＤＶ
男女交際、恋愛について
出会い系サイト、コミュニティサイト

性教育実践後の子どもたちからあがってくる感想や質問内容には、性に関しての戸惑いや驚き、また、自分自身に起こる変化に納得する様子が伺えます。主な感想として、「自分がこれから大人になって、そして赤ちゃんができて父親になるときまで、自分のやるべきことを大切にしなければならないと思います」「沖縄県は若年出産が多いと聞いてびっくりしました。でも、この現実を受け止めながら性について考えていきたいです」「世の中はたくさんの情報が色々なところから入ってくるけど、注意して見極めて自分を大切に生きていきたいです」と、性教育を正面から受け止め、理解している子どもたちも多いです。

質問内容は、小学生男子からは勃起に不安を感じている声が多くあがり、高学年女子になると性交と妊娠の関係についてや、月経発来についての質問が聞かれます。中学生以上では、性意識が高まり男女共に具体的に性交や妊娠、避妊に関する質問を投げかけてきます。

（以下、生徒の質問から多い内容を抜粋）

▽何才からSEXをした方がいいですか
▽中絶って何ですか
▽もし、好きでもない人との赤ちゃんができたらどうすればいいか
▽処女は恥ずかしいですか
▽どこからが性犯罪になるのか
▽子どもを欲しくない人は何故、SEXするの

いま、最も受けたい性教育内容について聞くと、

▽妊娠・出産について（女子に多い）
▽恋愛に関することで、将来のことや、望ましい男女交際、異性の気持ちについて
▽性犯罪について
▽デートＤＶについて
▽思春期の特徴について
▽正しい性の知識
▽避妊のこと
▽性感染症にならないためには
▽性同一性障害について詳しく知りたい

など、子どもたちが幅広く性教育へのニーズを示し、正しい性知識や性情報を必要としていることが分かります。

2　子どもたちを取り巻くメディアの状況

いま、子どもたちのメディア環境がここ10年程で激変しています。情報化社会へと一気に押し上げた携帯電話やPCの普及率を見てみると、沖縄県はPC52・6%（全国最下位）、携帯電話は86・5%となっていて全国に比べて低い数値ではありますが、インターネットへのアクセスの容易な携帯電話の普及が9割近くに上っていて、より身近に子どもたちも手にしている状況です。日本の携帯電話は規制の厳しい諸外国と違い、通話だけではなく、メール、インターネット、カメラ、音楽やTV視聴、ゲーム、電子マネーなど多彩な機能が揃っています。多くの大人たちは、その機能を使いこなすどころか、仕組み自体を理解していないと思われますが、子どもたちはどうでしょうか？

例えば、いま、子どもたちの間で圧倒的に支持されている、コミュニティサイトと称されるSNS（ソーシャルネットワーキングサービスのことで人と人とのつながりを促進、サポートするWEBサイト・代表的なものにface book　mixi　GREE、モバゲーがある）やプロフ（WEB上で自分のプロフィールを作成して公開するサービス）などは出会い系サイトとは別ですが、携帯電話の持つ「親密性」や「匿名性」を利用し、保護者の目に触れないところで、アクセスしてきた相手と連絡が取れるため、性犯罪に巻き込まれていくというケースも後を立ちません。沖縄県警の調べでは、2010年度のコミュニティサイトでの被害児童数は報告があっただけで31件にも上ります．規制が厳しくなった出会い系サイトよりも多く、子どもたちの方でも、出会い系ではないという安心感から容易に足を踏み入れてしまう現状があります。その他にも、WEBサイト上には性に関する多くの有害情報があり、携帯をワンクリックするだけでアダルトサイトや出会い系サイトに繋がっていくサイトがあります。消費者庁の報告で、問題になったサイトには、芸能情報サイトや、アニメサイト、携帯小説サイト、占いサイト、ゲームサイト、音楽配信サイトなど勧誘手口の多様化が問題指摘されています。

また、携帯電話がらみの人間関係のトラブルも増加していて、実際にあった中学生のケースでは、交際中の男子生徒が交際している女子生徒の裸の写真を友人たちに一斉送信して問題になったり、個人ブログやプロフなどに掲載しているプリクラや写真に修正を加え、転載して性的サイトへ投稿するなどの「性的いじめ」もみられるなど、子どもたちへの「情報モラル教育」も問われています。インターネットの他に、少女漫画、アダルト雑誌、AVなども日本の場合、子どもの目に触れやすいところにあるため、子どもたちが親や教師に隠れて入手し、学校や部活動の場で回し読みをしている状況があります。性への興味が芽生えてきた時期にはよくある行動ですが、正しい性知識が乏しい子どもたちにとっては誤った知識のインプットになりかねません。

大手のレンタル店などで規制なく借りられる少女漫画に至っては、小学校高学年の女子児童が夢中になって見ている内容に、教師との恋愛ものや近親姦、制服姿での性描写など有害な影響を与えかねない内容が何の規制もなく、子どもたちの目に入り込んできていて、大人が安心しがちなアニメーション、ゲームなどは非実写系とはいえ、過激な性描写が野放しになっています。

このような、溢れるメディアの危険性を大人たちはどれだけ認識しているのでしょうか？ 各都道府県や自治体では現在の状況を受け、携帯電話、ＰＣのフィルタリングの勉強会や、サイバー犯罪の講演会を実施していますが、全国の約６割近い親が子どもの情報教育に関心を示している中で、沖縄県はフィルタリング利用すらも携帯保有生徒の10％以下に留まっています。私も保護者や教員向けの性教育講話で、各メディアの危険性について話しをしていますが、保護者間の認識に開きがある印象を受けていて、大人たちのメディアに対する姿勢がいま問われていると考えています。

3　性情報の氾濫の中で困惑する子どもたち

性教育の現場で接する子どもたちとの対話で、子どもたちが溢れる性情報に振り回され、大人に聞くことも出来ず不安を抱いている状況がよくみられます。特に、男子生徒の場合は、自己の悩みをなかなか、打ち明けられないため友人や先輩から見聞きした情報や、ＡＶなどで視覚から入ってくる性情報を信じてしまっている状況です。実際の声には「女性は男性性器が大きい人が好き」「いや！　といっても本当はOKの意味」「マスターベーションをしすぎたら頭がいかれる」「1回のSEXだけでは絶対妊娠しない」等々、子どもたちの口からは信じられないような言葉が次々とでてきます。

男の子への性教育は月経教育が昔から実施されてきた女の子とは違って、学校でも家庭でも何となく置き去りにされてきました。母親たちは異性である息子にどう対応していいのか、思春期になると不安になり、つい父親まかせにしたり、自然に情報を得るだろうと見て見ぬ振りをし、性について語られることなく成長していきます。その結果、男の子たちは、性知識を女性の視点から考えることなく男性優位の性情報に偏ってしまう傾向があります。そのため、先に記述した生徒の声にあるように、一歩間違えれば性犯罪、性暴力に繋がりかねないケースもあり、AVやアダルト雑誌の描写は男性の独りよがりの性交に偏って、問題を十分理解せず無防備に接していけば誤った性情報を得て、その結果デートDVやまともな恋愛観が構築できずに大人になる危険性もあるのです。

女の子の場合は、10代の子の特徴として周囲と比較し「遅れている自分」に焦りを感じている子が多く見られます。その背景にはファション雑誌やティーン向けの雑誌の特集などで「男子が好きなメイク特集」や、「男の子が選ぶもてる香水」など常に、選ばれる立場にされてしまっている女性、また、彼氏がいないことは女性として魅力がない（この場合、主に外見的な要素が多い）と感じてしまうような子どもたちの偏見にも似た価値観が浸透しているように思います。女の子たちは処女であることに、羞恥心をもち「高校卒業するまでには…」とＳＥＸ経験を興味と焦りだけで済ませてしまう子もいて、本当に好きではない相手と交際をし、周囲と違う優越感に浸り満足をする。また、若いママたちの特集を組んだ雑誌を見て、きれいに自分もわが子も着飾った若年ママになりたいとファッション感覚で話している子もいます。

妊娠、出産の知識においても、ほとんどの学校で性教育が実施されていますが、踏み込んだ月経教育、避妊教育、自分を大切にする教育が成されていないため最終的にはこころも身体も傷ついてしまう女の子がたくさんいます。あるケースでは、何となくいいなあと思った相手と交際をし、１週間ほどでＳＥＸを求められ、月経中であることを理由に断ると月経中のＳＥＸは妊娠しないと説得されて初体験、その後、極度の後悔から、自分を許せないと話す子や、思春期の月経周期の不安定からくる無月経に妊娠と勘違いをし、激しい運動をすれば流産するからと無謀なまでの運動をくり返してしまった子など、子どもたちの周りに氾濫する誤った性情報は後を立ちません。

いま、大人たちが子どもの未来を守るために何ができるのでしょうか？　実際のところ、性について正しい知識、情報を持っている大人は少ないと言わざるを得ません。性について語ったり、学んだりすることをタブー視してしまう風潮が日本に存在してきたからです。しかし、情報化社会の中で子どもたちを育てていくためには、性に対して、前向きにとらえ、自らが子どもたちのモデルになれるように学んでいかなければなりません。また、性情報についても、それを鵜呑みにせず批判的読み解くためのリテラシー教育を子どもと共に充実させていくことが、今後望まれます。

4　性教育の果たす役割

10代が接する性情報に、インターネットなどのメディアが普及している現在、地域間の情報格差はなく、むしろ、若年出産や子どもの貧困問題を抱える沖縄県は、学校、地域、家庭での連携した性教育の整備が早急に望まれます。沖縄の保護者達の間には、一昨年に起きた少女の集団暴行事件（その後、自殺）を機に性教育に対して強い関心を示していて、これまでは、どちらかというと学力問題重視だった環境に変化が見られます。

性教育は、ただ単に性について教えるだけでなく、幼い頃から家庭での日常の関わりの中から自分という存在を周りの大人から認められ、大切にされて身に付いていく総合的な人間教育の意味合いがあります。子どもたちの豊かな育ちのために、大人たちは性の問題から逃げずに

向き合い、子どもたちのニーズに沿った性教育を実践していくことが大切です

そのために家庭で行う性教育の親の役割として、以下のことがあげられます。

・学校との連携をはかる。学校で行われた性教育の内容を知り、親の二次的介入がはかれるようにする

・子どもの性の発達（二次性徴）を肯定的に受け止め、子どもの成長に関心を持つ

・正しい性知識を与える。自己の経験に頼るのではなく子どものニーズに沿った知識を学ぶ

・性情報の氾濫に対応する。メディアリテラシーの習得

・子どもと真剣に向き合う。子どもがＳＯＳをだせる家庭環境づくり

多くの10代の子どもたちは、発達内容にそぐわない性教育をつまらないと感じ、また、どこか逃げ腰であり、性に目くじらを立てる大人たちを敬遠します。でも、本音は、自分たちに向き合って欲しい、自分たちの今を理解して欲しいと思っているのです。学校現場でも同様のことが望まれます。画一的な性教育ではなく、地域性で異なる性の問題に焦点をあて、学校教職員全体で関わっていく、そのためには、年間を通しての教育時間の確保も必要になってきます。

おわりに

助産師として、幾度も10代の母親たちに関わってきました。彼女達の多くは、家庭にも、学校にも居場所がなく、寂しさの隙間に入ってきた恋愛に似た感情に身を委ね、その結果、予期せぬ妊娠、気づいた時には出産を選択するしかない状況に陥っていることがほとんどでした。ＳＥＸには常に妊娠が付きまとうこと、寂しさはＳＥＸで埋めてはいけないこと、命をつなぐのには親になるという覚悟と責任が必要なこと、これまで育ってきた環境のなかで、正しい性教育・性情報に出会っていればと感じる瞬間が現場にはあります。「この子の父親の顔が思い出せない」と語った10代の母親が同じ選択をしないためには、どのような教育と支援が必要なのか、まだまだ課題は山積みです。学校の性教育現場で、子どもたちから「もっと性について知りたい！　本当に好きな人の子どもを大人になって産みたい」など、未来に希望を持つ言葉が聞けることが性教育を実践してきて嬉しい瞬間です。私たち大人は子どもたちのおかれている状況を見つめ直し、しっかり向き合い、子どもたちの未来ある成長を支援する必要が求められていると考えています。


【参考資料】

渡辺真由子「ネット上の性情報に対する規制とメディアリテラシー教育のあり方の国際比較」

小倉由紀子「家庭での性教育における親の果たすべき役割」『日本助産師会誌』第24巻．２０１０年

10代（思春期）のママたちと性教育
―性と生殖の健康の視点から―

赤嶺美保子（助産師）

はじめに

私は現在、産婦人科で「助産師」として働いています。助産師とは読んで字のごとくいわゆる「お産」を助ける人のことです。出産という「命」のリレーの場面にたずさわり、次の世代へのバトンタッチの手助けをするという役割を担っています。バトンタッチとは同時に、文化（ことば・考え・生活習慣・宗教など）も引き継ぐということでもあります。生まれ出てくる子はどの子も等しく私たちの住むこの社会に参入してきます。すべての赤ちゃんはヒトとして祝福されヒトとしての権利をもって生まれてきます。数えきれないほどの出産場面に立ち会っているにもかかわらず、毎回独特な「感動」を味わうのは、きっと赤ちゃんたちの未来と無限の可能性を感じるからこそなのだと私自身思っています。ところで医療という枠組みの中の産婦人科で働く私たちの役割はほかにもあります。

ニワトリが先か卵が先かの論争ではないけれど、人間のライフサイクルというものを見ると命の連続の重要な要素に「親と子の健康」があります。古くから健康な母親から健康な赤ちゃんが生まれると言われてきているように「親と子の健康」というのはただ単に病気でない、異常がないということだけではなく、両親の生殖の過程が身体的・精神的および社会的に良い状態であることをいいます。もっと専門的に表現すると「性と生殖の健康＝リプロダクティブ・ヘルス」という視点です。私たち助産師は関わる対象の健康が保たれるように親と子に何らかの援助をするという役割も同時に担っています。

1　思春期の妊娠・出産

狭い意味でとらえると「リプロダクティブ・ヘルス」の目標は次のようなことです。

・妊娠の可能性をコントロールできる（不妊の場合はカップルの治療も含む）
・すべての女性にとって安全な妊娠、出産ができる
・すべての新生児が健康な小児期を送れる
・性感染症のおそれなしに性的関係がもてる

・生殖や育児のパートナーとしての「男性」もその対象にふくまれる

「性」の健康を語るには人間のセクシュアリティについて触れなければなりません。人間の性には生物学的な性、いわゆる「セックス」と社会的・文化的な性としての「ジェンダー」が含まれます。人間のセクシュアリティの意義としては生殖性（子孫繁栄）・快楽性（ここちよさ）・連帯性（愛情交流）があります。それらは人類が存続し、健全な家族や社会の繁栄のためになくてはならないものであり、人間の当然の営みとしての性のポジティブな部分として捉えられます。しかし同時にネガティブな面も背中合わせに存在します。ネガティブな部分としては望まない妊娠、性感染症、人工妊娠中絶、性暴力などがあげられます。「性教育」の目指すところはそのネガティブな部分を〝少なくする、最小限にする〟にはどうすればよいかという課題への取り組みも重要なポイントです。

思春期の性の特徴は「生殖の性」というよりは「連帯の性」と「快楽の性」が主です。思春期の男女の性意識や性行動には違いがあるといわれていますが、結果としての「妊娠」に男女ともどのように向き合っていくかが問われてきます。そしてそれは「リプロダクティブ・ヘルス」の大きな課題となって現実味を帯びてきます。わたしたち助産師はこれまでにいろいろな取り組みや活動を展開してきましたが、その課題を解決するには臨床という枠を超え、他職種とのネットワークも重要なカギを握っているのだということも認識させられます。「リプロダクティブ・ヘルス」の対象は女性だけではなく生殖や育児のパートナーとしての「男性」も含まれます。女性は妊娠・出産を自らの身体で担っているのですが同時にリプロダクティブ・ヘルスを損なうリスクも併せ持っています。望まない妊娠の結果、人工妊娠中絶手術を受けたり、性行為による性感染症にかかる率が男性の3倍も高いといわれているのがそれです。次世代を担う思春期の保健がクローズアップされるのも「負の連鎖」を断ち切る必要があるからです。

2　現状と取り組み

男女とも10代（14歳頃～19歳）は生殖が可能な年齢です。理由はともかく自分で選択したわけではないのに結果的に望まない妊娠をしてしまったということで臨床を訪れるケースは日常的に見られます。とりわけ10代の妊娠は時にさまざまな波紋を広げ、社会問題化するほど取り沙汰されているのは周知の通りです。自己決定が困難な彼女らが妊娠に至った経緯はさまざまですが、やはり「性」への無知と認識の甘さを感じます。そしてそこにはパートナーとの関係性や「家族の問題」が顕在化したり、病んでいる社会が垣間見えたりもします。沖縄県の2009年度の10代の人工妊娠中絶率は全死産数の7・2%を占めます。10代の出産率は全出産数の2・7%です（全国は1・7%）。（＊「沖縄県母子保健統計の指標」二〇一〇年度より）

数字だけで見ると少ない印象を受けますが、少数だから切り捨てる、無視するというわけにはいきません。次世代を担う彼女らがひとりでも多く、健全なおとなへのステップを踏み、人生を大切により良く生きていけるように支援する必要があります。10代の妊産婦との関わりの中で見えてくる彼女らの問題には以下のような共通部分があります。

・妊娠に至るまでの経緯↓避妊をしなかった（パートナーまかせ）、妊娠に気づいたがどうしていいかわからなかった、迷っていた、相談相手がいなかった、親がこわかった
・パートナーが同世代でありお互いに問題の認識が乏しかった
・「生む」「生まない」の選択または時期的に「生むしか選択肢がない」という決断を迫られた
・「生む」決心をした場合の「家庭または家族」のバックアップが得られるかどうか
・年齢的には成長発達段階にあり、「ハイリスク妊娠」のおそれがある　↓危なっかしいマタニティライフ
・「親」役割と「育児行動」に葛藤が生じるおそれがある

3　妊娠中の性教育

少女が「生む」選択をした場合は「性教育」の好機と捉え、計画的に指導を進めていきま

す。妊娠期間中に人間の「いのち」についてテーマを設定し、ともに考えます。それは個別的に視聴覚教材などを利用して具体的にわかりやすく説明をします。特に思春期は親に依存する反面、親との距離を持ちたがるので付き添ってくる保護者やパートナーも含め人間関係の再構築ができるように意図的に関わるようにしています。

また彼女らの生活パターンは妊娠以前とあまり変わりなく、とてもリスキーです。身重にもかかわらず「遊びたい・退屈」という理由で友人たちと群れて深夜徘徊をしたり、カラオケでストレス解消をするという生活行動が「早産」の危険性を招いたりします。

さらに家庭的事情で保護者の留守中の食生活が「ジャンクフード」(Junk food：カロリーは高いが他の栄養素であるビタミンやミネラル・食物繊維が少ない食品。例：ハンバーガー・スナック菓子・清涼飲料水など)に偏ったり、過食やゴロ寝の結果としての肥満、悪いとわかっていても喫煙をするということなどにより「妊娠高血圧症候群」というハイリスク状態を招いたりします。中には妊娠中にパートナーとの関係が決裂したり、連絡不通になったりするというケースも多く心理的な危機状態に陥ったりもします。したがって私たちの関わり方もマニュアル化できない部分があり、それこそ個別的な対応が求められます。

「出産」については事前にシミュレーションをしたり、出産の場面においてはパートナーや家族が立ち会うことにより新たな命を迎え「家族の絆」を深め、さらに満足なお産であったと振り返ることができるように援助します。「出産後」は授乳や育児技術の具体的な指導をパートナーを含め実施します。そして赤ちゃんへの「愛着形成」を最大限に促します。

関係性が維持できているカップルについてはお互いを尊重しあい、お互いの人生設計やセクシュアルコミュニケーションの大切さについて考える機会をもてるようにします。

少女たちとの継続的な関わりには同じ看護職としての保健師との連係プレーは必須です。彼女らが社会的な弱者とならないように、入院中に保健師との面会のチャンスをつくり、「社会資源」の活用法や居住地域の「親子の福祉」の実現のための計画を事前学習してもらいます。「10代の育児」にはバックに大人（または保護者）の強力な支援が必要です。思春期の行動特性からみても容易に育児困難に陥る可能性があります。時間の経過にともない、あれほどかわいかったはずの赤ちゃんを「うざい」と思ったり、泣かれると「イラっとくる」というような10代の母親の発言に、わたしたちは時々虐待の影が忍び寄ってくるような不安を抱いたりもします。

4　性教育は誰がするもの？

人工妊娠中絶手術を受ける少女は心身の苦痛に見舞われます。彼女らのすすり泣きや緊張関係のただよう親子関係には心が痛みます。頼れるはずの親のいない少女もいます。妊娠・出産を機に学業を中断したり、就業の機会が得られなかったりする少女たちを目の当たりにして、医療現場からは「性教育は一体どうなっているんだ？」という声がよく聞かれます。

「性教育」は誰がするものでしょうか？　学校やＰＴＡ・家庭・行政がするものなのでしょうか？　思春期だから、さあ性教育をしましょうというものでもないと思います。人間のライフステージの最初から、またどの部分からでも男女を問わず性教育のチャンスはあると思います。現実的に私たちが医療現場でおこなっている集団への性教育の概要は次のようなものです。

育児支援の場としての「ベビーマッサージ教室」では乳幼児期の性教育に関する絵本や図書の紹介もします。

中学・高校性のインターンシップを受け入れることにより、生徒にいろいろな場面の見学やスタッフとの交流や妊産婦、赤ちゃんたちとのふれあいを通して学習のチャンスをセットします。

その他に、依頼を受けて医療スタッフが学校や地域に出かけて講座に協力します。医師も依頼を受けて「性感染症」や「更年期女性」の健康講話などに協力します。

5　専門職のネットワークでさらに充実を

学校現場の性教育は、その必要性が見直され年々グレードアップされてきている印象をうけますが、障がいのある子どもたちへのそれはまだまだ不十分だと言うことも耳にします。わたしたち助産師職能団体もやっと障がいのあるひとたちの性について目を向け始めたところです。

これまでにもいろいろな性教育の取り組みや活動を展開してきましたが、課題を解決するには臨床という枠を超え他職種と連携することもキーポイントとなります。特にニーズの高い「思春期教育」には学校にゲストティーチャーとして出かけ、生徒を中心とした「学校・保護者・地域・医療」などのネットワーク作りを摸索しています。それぞれの専門性を尊重し、生かしながら有機的につながるためには、お互いが連携を取りやすい環境作りをすることも大切だと思います。

さらに私は大人たちにも性教育が必要なのではないかとしばしば思うことがあります。親の考え方や生き方、価値観は子どもの性行動に大きく影響を与えます。子どもたちへの性教育と同時に保護者自身が「性」と「生」について正しく理解し、子どもと向き合っていけるように学ぶ必要があります。私たちが思春期に受けた性教育も今の自分自身を形成していますが、折に触れ、反省や発想の転換を余儀なくされたりすることがあります。人間観・ジェンダー観・

家族観・社会観・世界観もふくめ広い視野をもち、報道されるマスメディアの情報を鵜呑みにしない眼を持つことなども重要です。また日常生活の周辺でみられるジェンダーバイアス（性別への偏見）についても、意識の変革を迫られることがあります。

性教育は日々の積み重ねだと思います。生命の連続性や生命の大切さ、人間が皆平等であること、それぞれの人格が尊重されるべきものであるというようなことが基本的に伝えられていく必要があると思います。次世代を担う思春期まっただ中の若者たちもいずれは大人になっていきます。小さいうちから「性」と「生」の健康について親子、地域で自然な会話ができるような社会環境にしていきたいものです。差別や偏見がなくお互いの存在を尊重しつつ人権を守り、平和に共存したいと思うのです。

おわりに

思いも寄らぬ形で妊娠〜出産を乗り越えた少女たちの出産後の感想文には「メッチャ痛かったけどがんばったんだよー」「赤ちゃんマジかわいいから大事に育てまーす」そして『病院の皆様のおかげ、ありがとうね』などと医療者への感謝の言葉も綴られていたりします。すっかり「母親の顔」になり、保護者に伴われ笑顔で退院していく少女たちを見送る時は誰もが若い母と子の幸せを願わずにはいられません。

現実社会の中での育児を余儀なくされる未成熟な彼女らにとっては、様々な障壁に対峙する場面もあるかも知れません。私たちは産後1ヶ月ほどはこまめに電話訪問をしたり、来院してもらったり必要に応じて家庭訪問をしたりと、積極的にバックアップ体制を敷いています。「母乳育児」の継続には特に力を注いでいます。ところが、ひと月近くになるとあれほどよく出ていた母乳も眠くて起きられないという理由で家族によって人工乳が与えられ、そのせいで緊満状態になったお乳が「痛いから」と言っては母乳栄養を中断するケースも出てきます。

産後1ヶ月健診の際には派手なアイメークと念入りな手入れの行き届いた長いネイル（爪）で見違えるほどの大人の顔になってやって来ます。思わず「こんなに爪を伸ばしたら赤ちゃんがヤバイでしょう！」と老婆心がついつい口をついて出てきます。その場合赤ちゃんを抱いているのはおおむね本人ではなく、少女の母親つまり赤ちゃんにとっての若いおばあちゃんに当たる人です。妊娠中に維持できていたモチベーションも徐々に下がり、育児は主に保護者がという図式になってきます。後に知り得た情報によると、復学した人、通信制の高校に編入し学業を続けた人、パートタイムの仕事に就いたなど、それぞれが新たな路へと向かっています。

妊娠・出産という体験を通して学習し、自分（たち）のかつての行動をつまずきや失敗と捉えず前向きにがんばっている少女たちと再会することには嬉しいものがあります。逆にあれほどエネルギーを注いで関わったのに違うパートナーと同じ轍を踏んでまた来院する少女に会った時には、自分たちの関わりの評価を示されたような気持ちになって少しばかり落胆してしまいます。そこで私たちもまた学び直す必要が出てきます。思春期の彼女らもやがて大人になっていきます。人格形成過程の途上にある彼女らが身体的・精神的（霊的も含む）・社会的にも安定し夢や希望を持って成長してほしいものです。生まれた子どもたちも少しずつ時間をかけ大人になっていきます。子ども時代をどんなふうに過ごすかによってどんな大人になるのかにも関わる大事な時期です。人間は誰もが世界にただひとりかけがえのない存在であり、「いのち」のある限り存在していく権利や意味を持っていると思います。みんな最初は赤ちゃんだった。赤ちゃんの誕生の場面に接するたびにしみじみとそう思います。

沖縄の子ども・若者の「貧困」と性の現実

嘉手川重常（大平特別支援学校寄宿舎指導員）

はじめに　「癒し」の島、沖縄の光と影

青い空、青い海に象徴され、年間観光客数は500万人にも及ぶ全国屈指のリゾート地沖縄。一方でこの小さな島には全国に占める米軍基地の約75％が集中し、今なお基地被害が続発しています。政治行政もそうしたことに追われて「子どもの問題」は後回しにされてきました。27年間にもおよんだ異民族支配のもとで人々は貧しいながらも〝命《ぬち》どぅ宝《たから》〟をスローガンに地域の共同の力で支えあってきました。しかし、〝貧困〟による格差や不平等の広がりは人々の関係性をも断ちきり、地域社会の崩壊や家族の孤立化が進み、とりわけ子ども・若者の「貧困」は深刻なものとなってきています（表1）。

「貧困」はいのちを守ることさえもあやうくし教育や文化、人間関係、未来への希望を奪い取

表１　沖縄の性と生の今

- 失業率全国ワースト１
- 出生率全国１
- 十代の出生率全国の２倍
- 離婚率全国１
- ＤＶは全国の2.5倍
- 母子家庭　全国の２倍
- 子どもの性的虐待　全国の２倍
- 若者を中心にエイズ発症率　全国３位

り、自己否定感を抱く子どもたちの性意識は刹那主義的な性行動に結びつきやすくなることが指摘されています。我が国の矛盾が複合的に集中する沖縄の子どもたちの「貧困」を背景にした〝性と生〟の現実を考えてみたいと思います。

１　全国一の「子どもの貧困」県

都市部では子どもの４人にひとりが貧困に

２０１０年に公表された我が国の貧困率は16％で同年における「子どもの貧困」率は15・７％でした。都道府県別の公的な公表はないものの２００７年に一人あたりの沖縄県民所得が全国平均の69・８％であったことを鑑みると「子どもの貧困」が全国比でも相対的に高くなることは想像するに難くありません。

そこで「貧困」の問題を「就学援助率」（表２：認定基準は自治体毎に設定）でとらえると、全国的にも増加の傾向ですが、

表２　就学援助率にみる「貧困」

・就学援助認定　初の２万5000人超　受給率も過去最高
全国平均 14.51％（09年度）
沖縄 17.1％（10年度）と過去最高
市町村別就学援助率
沖縄市（24.89％）那覇市（22.64％）与那原町（20.47％）
宜野湾市（19.93％）嘉手納町（19.27％）
特にうるま市 8.31％ 金武町 3.45％ 与那原町 3.34％の上昇

（沖縄タイムス 2011年４月９日から抜粋）

なかでも本県は突出しています。また那覇市や沖縄市の都市部における急激な増加は実に「子どもの貧困」が〝４人に１人〟にとどこうかという深刻な実態を呈しています。

児童福祉行政の「貧困」

東北大震災で復興計画が焦点となる中、２０１２年度沖縄振興計画予算が唐突に５００億円も増額され地元沖縄タイムス紙上でも〝密室で何を語ったのか〟と社説を掲げています。そのことへの言及はさけますが復帰後の振興の名目で計上されてきたこの沖縄振興計画予算の大半がこれまで公共事業につぎ込まれ、児童福祉に関することはほとんど盛り込まれず置き去りにされてきました。出生率全国一の本県が最も弱い立場にある子どもとその家族支援施策にこうした振興計画予算を長年、充当してこなかった政治行政の姿勢は根本から見直されるべきです。

表３　児童福祉行政の貧困

①学童保育の公的支援の立ち後れ
・全国…公立（公立民営含む）83.4%
　公立施設活用…82%
　保育料５千円から１万円が 90%
・沖縄…公立 6.7%　民間民営 93.3%
　公立施設活用…21.2%　保育料１万１千円
②認可保育園提児童率
　全国一（2,295 人）　実数で東京、神奈川に次ぐ

（琉球新報 2011 年 11 月６日）

保育施設の不足と保育料の高額化

全国一の失業率、とりわけ経済的貧困が続く本県ではひとり親世帯、中でも母子世帯は全国の２倍に及び、その84・1％が「生活困窮」（19歳以下の子どもがいる母子世帯の全国の貧困率は48％）を訴え、多くが低賃金と不安定雇用の中、昼夜にわたるダブルワークを余儀なくされています。しかし、子どもを預けようにも夜間保育や学童保育施設の不備、不足に加えて保育料の高額化などがネックとなり、子どもを家庭に残したまま働きに出ざるを得ないため放置、虐待につながりやすくなっています（表３）。

「子ども・子育て新システム」で保育難民も

子育てと生計の両方を担う母親の負担の大きさは深刻で、2010年度の児童相談所で対応した虐待処理件数報告でも実母によるネグレクトの割合の高さが特徴となっています。政府が打ち出す「子ども・子育て新システム」は自治体の保育責任を放棄させ保育の市場化を促進させます。それ故に待機児童率

表4　2009年県警少年非行率の概況から

- 刑法犯少年のうち中学生が60%
  高校生が約15%　刑法犯少年の大半が窃盗犯
- 全国平均に比較すると中学生の割合が約1.5倍
- 県内の「不良行為少年」を人口比で全国と比較　総数…2.3倍
- 深夜徘徊…3倍　飲酒…5.2倍　退学…5.6倍
  無断外泊…11.9倍
- 無断外泊と家出の件数を合わせた数についても全国1位

全国一に加え親の経済的負担能力の乏しい本県では多くの子どもたちが生まれながらに格差と不平等にさらされ、〝保育難民〟が大量に生じることが危惧されています。

2　居場所を求めて漂流する子どもたち・若者と性

２００９年県警少年非行等の概況（表４）をみると、夜間に寄り添う大人がいない子どもたちは不安や寂しさからぬくもりと居場所を求めて深夜の街をさまよい、そこに待ち受けている〝よどみ〟に向かって「漂流」するかのような実態が映し出されています。

10代の出産率は全国の2倍

競争と格差社会で未来を描けないまま学校や家庭に居場所を失なった子どもや若者たちはさみしさや苦しみを共有するかのように群れあい互いに依存していきます。やがて深夜徘徊や外

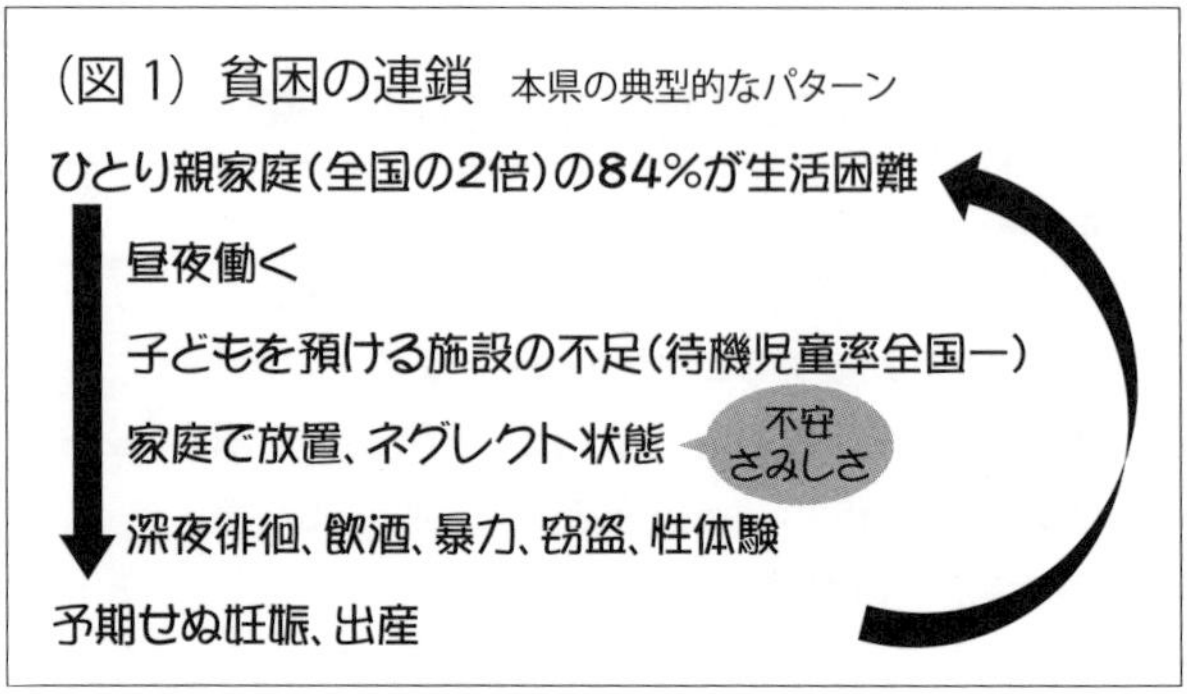

山内優子（元児童相談所所長）資料参考作成

泊を繰り返すなかで、ぶつけどころのない怒りや、やるせなさは飲酒や窃盗、暴力へと結びついて、刹那的で無謀ともいえる性行動へと向かっていきます。性感染症（エイズの発症率も東京、大阪に次ぐ）を始め、とりわけ女子の場合はそこでの性体験による予期せぬ妊娠により、全国の2倍、地域によっては全国の4倍という若年出産へとつながっています。まさに「貧困層の女性ほど出産の安全が保障されず若年で出産し多くの子どもを産む」「また貧困層の女性やカップルの情報入手が限られ近代避妊法の利用も富裕層に比べて低い」（「世界人口白書2004」）と指摘するところです。

貧困の連鎖

若年母親の未婚率は高く、婚姻（「できちゃった婚」4割）に至った場合も経済的基盤の脆弱さから生活難に陥り、深刻化してDVや虐待をひきおこし、また若年ゆえの関係性の未熟さがもとでその後の高い離婚率につながるなど、本県の貧困の連鎖パ

ターンとも呼べる〝性と生〟の「貧困」の構図が形成されてきています。（図1）

3　格差による不平等と子ども・若者

関係性の貧困・性の貧困

他方、昨年の総務省労働力調査によると仕事に就かず、学校にも行かないいわゆる「ニート」と呼ばれる若者の数が沖縄県では9000人にも上り、若年人口に占める割合は2・6％（全国平均で2・1％）となっています。その割合は10年連続で全国平均を大幅に上回っています。また若年層の失業率も全国で最も高いことから二重に深刻です。

さらに2010年の国勢調査からは男女とも生涯未婚率が東京の次に高く、男性の生涯未婚率に至っては22％と全国で最も高くなっています。「経済的貧困」が「関係性の貧困」につながり、さらに「性の貧困」へと表面化してきています。

小学生の3割、中学生の4割が自己否定感

我が国の子どもや青年の自己肯定感の低さはOECD32カ国のなかでも際立っていますが、中でも沖縄県では小学生で30％、中学生で40％の児童生徒が〝自己のよさ〟を感じていないこ

表5　「子どもの貧困」県内小中教員アンケート

・給食費が払えない子がいるか（63.1%）
・ケガしても病院に行けない子がいるか（31.1%）
・給食以外に食がない子がいるか（44.1%）
・夜間子どもだけの子がいるか（56%）
・育児放棄と思われる子がいるか（39%）
（　）は「ハイ」の回答

（沖縄タイムス　2010年2月19日付けから抜粋）

とが報告されています。全国平均と比べても〝自己のよさ〟を認める割合が小学生で2・8%、中学生で3・7%下回っています（「全国学力・学習状況調査」沖縄県総合教育センター、2008年）。

それを裏付けるかのように沖縄タイムス紙による県内小中学校教員アンケート結果によると「教師の8割が子どもの貧困を実感」しています。親の困窮による生活苦は表5にみられるように子どもの健康や成長に影を落としており、子どもを支えるために自分のお金を使った教師も43%に及んでいることが報告され学校の〝救済機関化〟が進んできていることがうかがえます。こうした少なくない子どもたちが社会から排除され将来の不登校や前述のニート「予備軍」となる可能性も否めません。経済的貧困を背景に子どもや若者の夢や希望が奪い去られている厳しい現実があることを直視する必要があります

4　沖縄県の学校における性教育

次に、まだ十分に検証されているとは言えませんが、沖縄の学校教育でこれまでどのように性教育が行われてきたかを概略的にふれておきます。

戦後、少女強姦殺人事件やレイプ被害など米軍基地から派生する数多くの性的暴力事件が頻発し、その都度、政治問題化して県民は基地の撤去を叫び続けてきました(その構図は現在も変わらず)。また基地周辺では米軍相手の歓楽街や買売春を含む風俗産業が定着し子どもたちの養育環境も悪化していました。

こうしたことを背景に県内の学校では性的暴力事件が発生するたび、特設授業等で米兵からの性的被害に遭遇しないように身の安全を守ること等に心血が注がれ、また性病予防など女子への抑制的な道徳教育や純潔教育が主なものだったといわれています。復帰後は本土の学習指導要領に組み込まれ『生徒指導における性に関する指導』としてその内容は全国同様やはり道徳教育、生徒指導的な中身で構成されてきました。

「寝た子を起こすな」から「性は人権！」へ

県内においての人権と自立・共生に配慮した学校での性教育は、1987年、鏡が丘養護学校(現・特別支援学校)の寄宿舎から始まったことが確認されています。

当時、「貧困」により放置、冷遇された子どもや飲酒による事故がもとで障がいを負った子どもなど課題を抱えた子どもたちが多く入舎していました。そこでの性を巡る「問題行動」や〝荒れ〟への指導中に「どうせ俺たちには（障がい児に性のことは）教えないんだろう！」と吐き捨てるような大人不信の言動がもととなり職員間での論争が始まります。「障がいがあろうとなかろうと性は人権。問題行動は発達要求として正面から向き合うべき」。それに対して「寝た子を起こすな。どうせ結婚もできないんだから」と意見は二分されていました。当時の県内に性教育の書籍や情報は皆無に等しく、そこに高教組（当時婦人部）が主催した河野美代子氏（産婦人科医）の講演会が開催されることを知り飛びつくように参加しました。迷いは吹っ切れ、職員全員で「できるところから始めよう！」と性教育実践に取り組んでいきました。未熟な実践ではあったが真摯に子どもたちに向き合おうとする職員集団の姿に子どもたちも心を開きはじめ、大人もまた性を学ぶ中で問題行動を性的発達として肯定的にとらえられるように変わっていきました。結果、「問題行動」は格段に影を潜めていったのでした。性教育実践は思春期の子どもたちの中心部に働きかける営みで、性が語り合えるようになると子どもとの距離はグッと縮まっていきました。「無知でも性行動はとれる。むしろ無知だからこそつけ込まれる」「性はさけるものではなく乗り越えるもの」また「性を学ぶとやさしくなる」など多くの貴重な教訓を導き出し現在につながっています。

県内の性教育とバッシングの影響

折しも1998年、当時の文部省から『エイズに関する手引き書』が配布されると、にわかに性教育がクローズアップされ組合教研での寄宿舎の性教育実践レポートに注目が集まり、特別支援学校のみならず、普通学校や親の会の勉強会等に招かれるようになりました。1992年には小中学校新学習指導要領が実施され、いわゆる性教育元年がスタート。県内の学校でも性教育が広がりをみせ、学校種別毎に養護教諭等が中心になり『性教育の手引き』(性交は取り扱わないなどの弱点はあったものの)などが1993年に小学校編、中高等学校編、遅れて96年に特殊学校編が作成配布され活用されました。

しかし、2002年からのジェンダーバッシングと、03年の東京の七生養護学校での政治的介入を皮切りに沖縄でも『性(エイズを含む)教育の指導の手引』『実践事例集』等の一方的な廃棄通達(05年)が出されました。また教育委員会主催の『性教育・エイズ教育研究会』などでも性教育バッシング派の講師が招聘され以後、学校現場における性教育は息を潜め、「世界エイズデー」(12月1日)にあわせた単発的な授業や対症療法的な指導が主流になり、また必要に応じて地域の保健士や外部講師に任せることが増えてきました。

しかし、性的トラブルを抱えた子ども(特に障がい児)と保護者は専門の相談窓口や機関もない中で十分な支援や教育を受けることができず、たどりつくように障がい児学校の寄宿舎に相談にくることが増えてきました。

学校での性教育実践はもちろん、教育センター等の教育機関での〝思春期問題〟の相談窓口や専門支援員の配置が求められます。

5　あふれる性情報と子どもたち

性のお手本はコミックやビデオ

県内でも違わず子どもや若者の性情報の入手源はＤＶＤやコミック等の性産業とそれに影響を受けた〝先輩や友人〟が大半です（図2）。さらにネットやケータイの爆発的普及によりポルノ情報もたやすく入手できるようになり、子どもや若者の性意識は女性への差別的で暴力的な性産業のメディアに取り込まれてきています（図3）。他方、「出会い系サイト」の規制が強まる中でゲームなどの「非出会い系サイト」からのアクセスがいまや主流となっており無防備な子どもたちが性被害のターゲットとなっている現実があります（図4）。

また家庭では特に父親所持のポルノＤＶＤ、地域ではコンビニ、書店、ビデオショップ、ネットカフェなど性産業情報の垂れ流し状態があり、ネットやコミック等を介したトラブルは低年齢化し家庭や地域、学校でも急増しています。最低限サイトに容易にアクセスできないように

図2　性のお手本はコミック・ビデオ

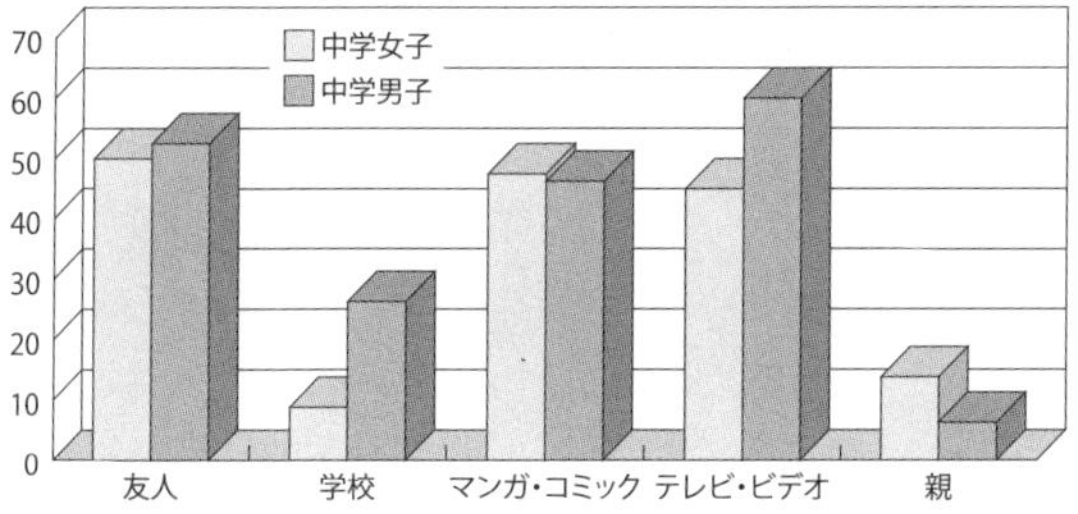

若者の性白書 2001

図3　出会い系サイトや性的・暴力的サイトへのアクセス

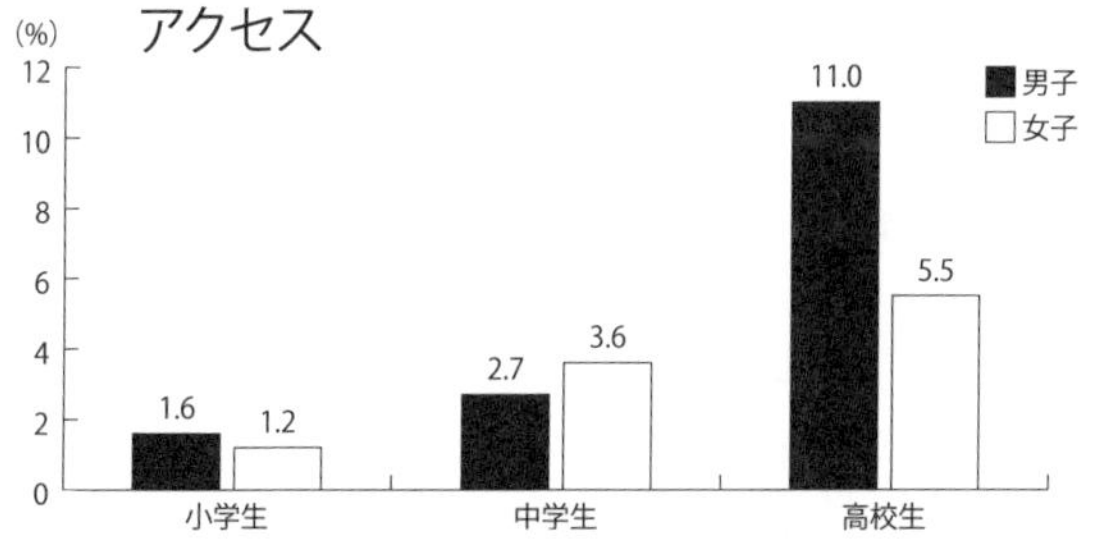

出典：沖縄県教育委員会「携帯電話等に関するアンケート調査結果」（平成20年4月）「教育調査年鑑 2008」創育社

図4　ゲームサイトでの性被害急増
ネットが原因となった事件数の推移

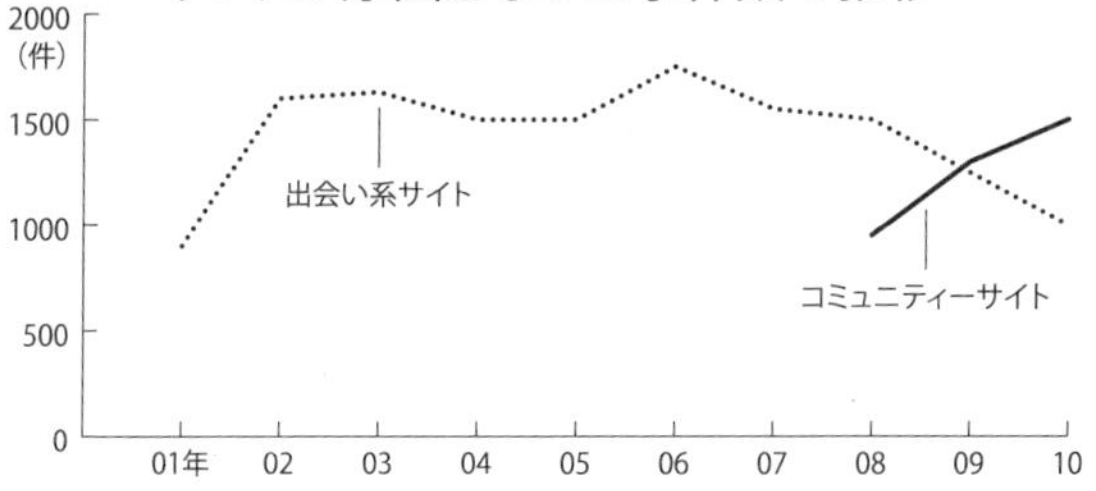

警察庁まとめ。コミュニティーサイトの統計開始は08年。

フィルタリングをすることは大人の責務ですが、本県では全国的にみても意識の低さが指摘されています。「子どもの権利条約」では発達の保障がすべての自由の大前提で大人は子どもの発達を阻害するものから守らなければなりません。パソコンのネット普及率は県民所得の低さも手伝って全国に比べて低調ですが、スマートフォンなどの登場で性産業によるネット環境は子どもにとって身近なものとなりつつあります。ケータイ・ネットの〝落とし穴〟から子どもを守るため大人を含めてのメディアリテラシー教育も緊急性を帯びてきています。

あふれる性情報と貧しい性知識

ある高校生男子の「女ってレイプされるとうれしいんだよなー」という性意識は、いまや特別なことではなく〝メディアの性〟の行き着く先を見るおもいです。また「妊娠しても酒と薬を飲んだら子どもは流れるって」と屈託なく語る女子生徒の言葉は、母親自身がレイプにあい、中2で最初の子を出産、その後、十分な支援と教育も受けられないまま貧困の中で30代前半には9人の子どもを抱えることになった、その母親からの娘への教えでした。まさに「性の貧困」の連鎖です。性情報の豊富さに比べ性についての科学的な知識は驚くほどに希薄で貧しく悲しいほどです。軽度の知的障害の少女たちの中には学校を中退して風俗で働いたり、母親から売春を強要される子どもたち少なからず存在しています。

いま、学校はこうした貧困やポルノ情報の洪水に飲みこまれようとしている子どもたちを前にどう対応できているでしょうか。〝子どもたちに科学的で人権に配慮した自立と共生の力を育む性教育〟か、それとも〝性産業の暴力的で貧しく好奇な性情報に子どもたちをゆだねるのか〟が私たちおとなにきびしく問われています。

中学生の66%　高校生の54%が「性交を肯定」

そんな中07年に実施された沖縄県教育委員会の性意識調査によると実に中学生の66%、高校生の54%が性交を肯定的にとらえているというデータが公表されました。なお「結婚まではしない」という否定的な意見は中学で24・5%、同じく高校生で25・9%でした。（01年に筆者が関わり地域の保健センターが調査した中部地域のある中学校のデータでは「わからない」との回答を除くと性交肯定は67%でほぼ合致する結果）

二の足を踏む大人たち

こうした子どもたちの性意識に対し、07年の県教委の性意識調査によると教師の98・3%は性教育を重要と認識していながら58・4%は実践せず、また保護者の96・7%が重要としながら家庭での性の会話は「ほとんどない」「全くない」を合わせて32・7%となっています。

表6　県教委　性意識の実態調査 (2007)

○「性に関する知識や情報」を「友達や先輩」「雑誌や本」から得るという回答　高校生で49.7%、中学生で45.3%
○高校生の男女の調査結果・女子で家が楽しいと感じている生徒は、そうでない生徒よりも「エイズに気をつける」割合が、約1.5倍高い。
○家族の会話があるという生徒は「結婚まで性交しない」「求められても性交しない」という性に関する規範回答が、会話のない家庭の生徒よりも約2倍高かった。
○男子の場合、「結婚までは性交しない」と回答する割合は自分が好きだという自己肯定感を持つ生徒の約3倍高かった。同様の差は、飲酒経験の有無でも表れ、飲酒経験のない生徒は経験がある生徒の約2倍だった。

(琉球新報 2008年1月24日から引用)

誰が実施すべきかとの設問には教師の側では「家庭ですべき」と回答する一方、保護者は「学校ですべき」とお互いの認識の食い違いがみられ実践するにあたっては大人の側にとまどいがみられているのが現状です。これは親、教師とも学校で性教育を学んだ経験がないためどう関わっていいかわからないことに起因していると考えられます。調査では実際に家庭で性を話題にしている場合は子どもの性の規範性が高いことが示されており、学校でも性教育を実施した場合は性に対する規範意識は高まることが実感できています（表6）。

家庭での性教育　子育ては性教育そのもの

学校における性教育は発達段階に応じてこの程度は分かったほうがよいと系統だてて教えることを基本としています。一方、家庭での性教育は、子育てそのもので日常生活の中での養育者とのスキンシップや関わりを中心とし

表７沖縄子ども振興計画〈仮称〉策定要項2010（要旨抜粋）

１　「沖縄子どもの村、情緒障害児短期治療施設（虐待）」
・里親委託　全国9.4%　本県27,2%
・小児精神科（思春期病棟を含む）若年出産からの自立に向けての支援「母子の家」
２　すべての市に母子生活支援施設の増設
・母子家庭の自立、住宅確保は困難を伴う
・離婚野津全国一　過去最高・失業率は全国２倍
・ＤＶ防止法での保護命令　全国の2,5倍　しかし母子支援施設は３か所
３　夜間保育施設と子どもサポート制度の創設
・非行相談　全国4.8%　本県12.9%で３倍
・虐待相談　全国23%　本県46%
４　学童保育の充実、児童館、大型児童館の設置・充実
５　ファミリーサポート制度の充実
６　特別支援教育の支援等

た積み重ねが基礎となり子どもの性は育てられていきます。子どもが聞いてきたとき、知りたいときが教えどきで、そのときには「おこらない・逃げない・うそをつかない」ことが基本です。まず私たち大人が日頃から性に関する文献や絵本などを手にしたり、地域や学校などで積極的に性の学習会や講演会に出かけたりすることが大切です。行政にはそのための条件作りを進めることが求められます。

６　「子どもの貧困」克服と性教育

県内の動き

全国との比較では無力感さえ漂う数値のオンパレードですが、しかし、まぎれもなくこれが沖縄の現実です。そしてこれからわが国がたどるであろう「貧困」先行モデルにもなってきています。

他方、こうしたことに危機感を抱く大人たちが沖縄でも「子どもの貧困」克服のために立ち上がってきているのもまた事実です。この間の「子ども貧困」全国キャラバン（日弁連、九弁連）や「沖縄子ども振興計画」策定（表7）にむけた国や県への陳情（沖縄子ども研究会）、昨年（2011年）末の超党派国会議員団による「子どもの貧困」スタディツアーなどがそれです。

こうした報告会やシンポの中でも格差や貧困の連鎖の要因のひとつとして親自身の「性の貧困」が指摘されてはいますが、母子の生活支援に追われ子どもや若者たちへの性教育の必要性まではまだ迫りきれてないのが現状です。

社会の格差や貧困をなくすことは容易なことではありません。しかし、「子どもの貧困」を克服しようとする社会変革、地域変革の流れと連携共同を進めながら、その中に性教育を積極的に位置づけていくことの大切さを発信していくことが必要です。

そのためには地域や学校に性教育を根付かす為の拠点作りが欠かせません。具体的な動きとして「子どもの貧困」の現状を何とかしようと昨年末、障がい児の生活教育研究サークルが発足。記念集会では立教大学の浅井春夫氏を招き〝障がい児の生活と性〟について学びあい、地域との連携を模索しています。またある特別支援学校では父母の要望で学校をあげての子どもと保護者のニーズに応えた性教育の取り組みがはじまっています。そして、今年（2012年）

2月の沖縄性教育セミナー（沖縄国際大学）をもとに親、教職員、助産師、保育士、児童施設職員、NPO団体、行政職員などの多様な人々を巻き込んだ、本格的な性教育の研究団体（性教協沖縄サークル）が立ち上がろうとしています。

まとめにかえて

今、子どもたちには〝ありのままの自分、価値ある自分〟を受け入れてくれる居心地のいい家庭や学校、地域が必要です。そして認めてくれる仲間と大人の存在が求められています。「性の勉強ってさー、なんかよー、自分にも他の人にも優しいきもちになれるし、元気が出てくる」と語ったのは前述の性教育実践の引き金となったあの子どもの言葉でした。

我が国で最も「子どもの貧困」が進行する本県だからこそ子どもたちが勇気をもって未来へチャレンジしていくための源泉となる〝自己肯定感〟を育み、〝自立と共生〟の力を培うことが求められています。そのための性教育への取り組みはいま権利保障者としての私たち大人に課せられた責務です。

〈資料〉若者の性意識・性行動の社会的背景

04 全国高等学校ＰＴＡ連合会　全国高校生の生活意識調査から作成

①性情報の氾濫と予防情報の不足（性教育の遅れ）
　・小、中でポルノメディアに接した生徒は性行為容認率が２～３倍
②携帯電話等の普及（孤独とさびしさ）
　・メールで交換の回数が多い生徒ほど性体験率が高い（1 日 40 回以上では体験率が 20 倍）
③人間関係の希薄さ（自己肯定感の低さ高で 73%）
　・家庭との日常会話全くしない生徒の性体験率は２倍以上
　・学校職員への不平等観をもっている生徒も２～2,5 倍
④夢や生きがいがない（格差社会で描けない）
　・生きがいを感じないで生活している女子生徒の性体験は 3,5 倍

〈資料〉県内の子ども・若者たちの進路状況　全国との比較

●文部科学省「学校基本調査書」
・新規学卒者の無業者比率の推移　（2010 年３月卒）
・高卒無業者　（全国）5.6%　（沖縄）17.9%
・大卒等無業者　（全国）16.3%　（沖縄）33.0%
●（2010 年９月）厚生労働省　沖縄県商工労働部
・高卒求人倍率は 0.67 倍、沖縄は 0.12 倍
・高校進学率　全国平均　男女計 96.3%　沖縄 92.7%　全国ワースト
・大学進学率　全国平均　男女計 45.1%　沖縄 31.1%　全国ワースト
・高校を卒業して進路未決定率　全国平均 19.0%　沖縄 32.5%
● 2011 年 12 月雇用状況概要　沖縄商工労働部
　完全失業率　　全国 4.6%　沖縄 7.1%
・（15 ～ 29 歳）完全失業率　全国 6.7%　沖縄 12.7%
・有効求人倍率（季調値）　全国 0.71%　沖縄 0.35%
・新請求人倍率（季調値）　全国 1.22%　沖縄 0.75%

第2章　幼児期の性教育ＡＢＣ　―保育のなかでこんなことからやってみよう！

浅井春夫（立教大学）

はじめに　いまなぜ幼児期の性教育なのか

《あなたの「セクシュアリティと性教育」の認識度は？》

①男の子の「おちんちん」に対して、女の子の排泄器・性器の呼び方は？
②散歩で犬が交尾しているのを一緒に見たら、何を話しますか？
③テレビでキス・ベットシーンが出てきたら……？
④性器いじりをしている子どもを見たら……？
⑤「赤ちゃんはどこから、どうして生まれるの」と聞かれたら？
⑥「男・女らしく」「男・女の子なんでしょ」などを保育中に言うことはありますか？
⑦共働き派？　主婦志向派？
⑧家庭での家事育児は平等派？　やっぱり女性がやる派？

⑨離婚は〝家庭崩壊〟と考えますか？

⑩性教育は幼児期に必要と思いますか？　必要はないと思いますか？

《性知識チェック》

①妊娠の可能性の高い日は？

②女性器と男性器はちがう器官？

③男性は射精をしなければ、からだに悪い影響がある？

④経口避妊薬（ピル）は女性のからだにはよくない？

⑤幼児期の子どもたちは性的虐待・強姦の対象外？　内？

さあ、どうでしょう？　あなたの考えと意見は？　みんなで話し合ってはいかがでしょうか。

わが国においても、また多くの国々においても性教育は、学校性教育として行われています。したがって小学校以前の幼児期の性教育は、保育園・幼稚園でも家庭でもほとんど実践されることが少ないのが実際です。高校・大学等を卒業したあとは、保健所などでの母親・父親教室、出産前教育以外は社会教育としてもまだまだ少ないのが現状です。

幼児期の性教育は第1に、人生はじめの性教育としての意義があります。幼児期における言葉の獲得は、それと同時にジェンダーや性意識の獲得・〝注入〟という側面を持っています。男の子は乱暴でもかまわないといったジェンダーの刷り込みがはじまる時期に、ジェンダー平等を踏まえた人格の形成という課題へのチャレンジでもあるのです。

第2に、学校性教育の枠を超えて、性教育の実践領域を必要なところに拡げるという意義があります。学校教師が実践の中心であるだけでなく、保育士や幼稚園教諭、さらに保護者が性教育の実践者になっていくことにもなるのです。

第3として、幼児期の性教育は、小学校の性教育につなげていくうえでも重要な基盤を創っていくという側面があります。偏見があまり刷り込まれていない時期に、自らのからだの大切さを学ぶ基礎を形成していく課題があります。

第4に、生活のなかの性教育という側面を多く持っており、同時に個別的な対応としての性教育という要素が大きいことがあげられます。一人ひとりを大切にする教育実践のあり方としても追究しやすいのが幼児期の性教育です。

いまこそ幼児期の性教育を具体化していくチャンスとして捉え、実践化していきたいものです。

1　幼児期の性的発達の特徴とポイント

幼児期の発達の特徴

年齢や性別の基本的な自己認識が形成される過程にあり、3歳になると男女の違いをある程度理解することができるようになります。そのことはジェンダーの刷り込みがこの時期にはじまっていることを意味しています（W・デーモン著、山本多喜司訳『社会性と人格の発達心理学』北大路書房、1990年、283〜4頁）。

幼児前期（1〜3歳）は、自らが母親とは別の存在であることを自覚し、対象の分化（親以外の存在に関心を示す表現）ができるようになり、仲間関係や自分と違った性への分化ができるようになります。幼児後期（3〜6歳）は、「ボクがやる」「わたしのもの」といった自己意識の表明の時期でもありますし、自分の意思や考えを主張する〝反抗〟によって幕開けとなります。

幼児期の着目したい発達のポイントは、世界をに対する感受性（sense of wonder　カーソン著、上遠恵子訳『センス・オブ・ワンダー』新潮社、1996年）が好奇心や自発性を生み出す土壌となっており、自己意識を形成していくとともに一定の価値観を獲得していく時期なのです。そうした幼児期の特徴を踏まえて性教育の実践を考えたいものです。

幼児期の性的発達の特徴

2歳半～3歳で、ほとんどの子どもが自分の性別を認識するようになります。それが性別役割分業意識と行動をつくっていくことになるのです。男女の性別に自らを自己分類することで、性別に応じた世界をつくりあげていくことになります。それは男の子の場合、相対する性への嫌悪と排除へ向かう可能性を持っています。自らの性の言語化＝ジェンダーの用語（男ことば・女ことば）の意識化がすすむことで、とくに女性嫌悪の意識と排除の態度・行動が現われるという要素があります。幼児期の性的な発達の特徴を踏まえて、性教育のあり方をつぎに考えてみましょう。

2　幼児期の性教育の基本的考え方とテーマ

幼児期の性教育の基本的考え方

まず基本的な考え方の前提として、分ける必要のないところで男女分別をしないことがあげられます。保育園・幼稚園では生活上の男女の分別はあまりすることがないので、その点を活かしたとりくみをすすめたいものです。

この前提を踏まえて、第1に、一人ひとりを個別的にみて、個々の状況に応じた働きかけを大切にしてはどうでしょうか。絵本などを教材にみんなに話すこととともに、できるだけ個別対応を大切にしたいものです。第2に、自己肯定感と自己肯定観をはぐくむことを基本目標に、何かを教え込むことよりも楽しくすすめることを大事にしたいものです。第3に、性教育のテーマは生活の具体的な内容に即して、見える、触れる、聞くなどの五感を通して学びとることを大切にすることが大事です。第4として、保育園などは、保護者とともにすすめる性教育を構想することもできます。たとえば自らの出生をどのように学ぶのかを家庭と協力しながらすすめることも考えられます。全体として、子どもとのやり取りを実践者が楽しみながらすすめることが幼児期の性教育のポイントでもあるのです。

幼児期の性教育もさまざまなテーマがありますが、いまこの子どもたちに伝えたいこととは何かをおとなたちが検討し、人間の性について語っていきたいものですね。子ども（集団）の状況や職場内の共通理解、保護者との連携のなかですすめることを大切にしましょう。

幼児期の性教育のテーマ

①「からだをきれいに」は、肯定的な視点で自らのからだ観の基礎を築いていくテーマでもあります。自らのからだをきれいにする学びを通して、健康といのちの大切さに迫る課題でもあります。とくに女の子のウンチのふき方は、後ろにふくことをしっかりと教えることが大切です。後ろから前にふけば、ウンチが尿道口・ワギナに付着してかゆみの原因になったり、病

気になったりすることを教える課題があります。からだのなかで最もきれいにすべき器官は、排泄器・性器であることを教える課題が幼児期の性教育の課題としてあります。

②「排泄器・性器の呼び方」では、男の子の「おちんちん」はだれもが使っているのに、女の子の排泄器・性器の呼び方について、子どもが使える名称がない、あるいは隠語・俗語しかないことが問題で、「からだをきれいに」の肝心な課題について伝えられない現状があります。「あそこ」「おまた」なども正確な用語ではありません。偏見のない用語を使うことが基本です。「ペニス・ワギナ」「男（女）の子のせいき」を基本に考えてはどうでしょうか。女の子には「おしっこの出口」と「ワギナ」（赤ちゃんの出口）があることもまずは教えておく必要があります。それぞれの現場や家庭でどう呼べばいいのかを話し合ってみてもらいたいものです。大事な器官・からだなのに無名である現状は改善すべきです。

③「性被害の防止」はすべての子どもたちに徹底すべきテーマです。このテーマに問われることは、いやな行為には、「いや！」を意思表示できるちからをはぐくむ課題です。もうひとつは「プライベートゾーン」をどう子どもたちが理解するのかが問われる課題です。性器・排泄器、おしり・肛門、胸、口などだけでなく、からだ全体が他の人に勝手にさわらせてはいけないことを教えるべきです。いやなタッチには「いやよ！」を言えるようにすべき課題があり、そのためには「ここちよいタッチ」がどのようなもので、「いやなタッチ」と感覚的に区分で

きる能力をはぐくむ課題が問われているのです。

④「女の子・男の子」は、社会の〝自然な〟男（女）のイメージに対して、男女のちがいについて強調するのではなく、両性のほとんどが同じであることを共通認識にするほうが大切です。ジェンダーの刷り込みが具体的行動や言葉に表われてくる年齢が3歳ぐらいからであることを踏まえて、言葉だけでなく、何かに取り組むときに、男女の区別をしないで一緒に行動することを意識してすすめてはどうでしょうか。

女性差別撤廃条約第1条にある『女子に対する差別』とは、性に基づく区別、排除又は制限」であるという規定を念頭に置いて、実践内容を考えてみることが必要です。

⑤「赤ちゃん（わたし）はどこから？」は、幼児期の子どもにとっては、自らの存在を親との関係のなかで確認する課題でもあります。お父さんとお母さんが赤ちゃんを欲しいと願って、あなたを待っていたことを具体的なその日を迎えたときのことを話してあげるのもいいのではないでしょうか。絵本もたくさん出ていますので、合わせて読んであげるととってもいい性教育になりますね。

3　幼児期の性教育をすすめるために

性教育の実践者になるために――幼児期を意識して

①「笑顔で語りかけができる雰囲気を大切に」することがポイントです。楽しい、おもしろい時間であるように工夫するためには、子ども一人ひとりが具体的に発言でき参加できるように組み立てることが大切です。

②「絵本をうまく活用できるちから」をあげておきます。何を伝えたいのかを考えて絵本を選ぶことが大切ですが、一番大事なポイントは、その絵本で子どもたちが楽しめ、興味・関心をはぐくむものであるかどうかです。

③「対話のちから」で問われることは、まず子どもとおとなが交互に話すことが対話の基本的な運びです。このことを意識して話したいものです。

④「個別的なやりとりを楽しむ」余裕があることが大切です。目標を設定して、その目標に縛られるよりも、子どもとのやり取りをおとな側が楽しみながら性を語ることができればいいのではないでしょうか

⑤「子どもの自由な発想と問いかけを生かせるちから」が問われます。①から④のちからの原動力になるのは、このちからです。そのためには子どもの感受性を大切にする私たちのちからが問われているのです。

教材としての絵本の活用

①何をどんな観点で選ぶかが問われます。絵本としての楽しさを味わえることがまずポイントです。楽しみながら学ぶことのできる教材としての絵本という観点で選ぶことです。どんなテーマを取り上げるかを意識しつつも、テーマや教え込むという課題に縛られないようにしたいものです。

②マイノリティの子どもを視野において、〝健全な家族〟（父母が揃っている家族だけを前提にした家族論）や〝健康な子ども〟（障害児を排除した子ども論）だけを前提にした絵本ではなく、困難な生活環境やさまざまなニーズを持った子どもたちを意識した絵本を選びたいものです。この点が不十分であれば、語る側が補足しておくことも大切です。

③どのように読むかについて、それぞれの場面で区切って説明を加える絵本の読み方をする人もいますが、絵本は断続的に読むのではなく、流れとテンポを大事にして読むことが大事です。読み終えた後で、補足する話をいれて、話し合ってはどうでしょうか。

④読み聞かせだけでなく、そのあとのとりくみで何をするかも重要です。自分のおいたちや成長のエピソードを保護者に聴いてみることもできます。その際、事前に各家庭と相談をしながらすすめることに留意しておきたいものです。けっしてみんなの前で報告などをする必要はありません。家族のなかで生まれたときのことを話し合う場ができればいいのではないで

しょうか。

⑤必要なテーマ・課題があれば、絵本を作ってみることもチャレンジしてみたいものですね。たったひとつの教材を作ってみることで、何を子どもたちに伝えたいのかを基本から考えることにもなると思います。

さまざまな実践の可能性

①生い立ちの学びは、生命誕生や自己肯定感・観の形成に関わる課題へのアプローチです。写真、ＤＶＤ・ビデオ、テープレコーダを使って、具体的に生い立ち＝自分の成長のイメージをはぐくむことができます。

②からだ学習のとりくみとして、自らのからだを寝ころんで紙に書いてみる、歌でからだの名称を歌いながら学ぶという取り組みもできます。からだの再発見を通して、自らの成長を確認する取り組みです。

③絵本の読み聞かせも、「家族」「女の子・男の子」「いじめ」などのテーマを何冊か系統的に連続して取り組んでみるのもいいのではないでしょうか。

④ロールプレイは、ごっこ遊びを通してお父さん・お母さん役割を考えてみるチャンスでもあります。その際、おとなの考えを押し付けるのではなく、役割を演じてみてどんな気持ち

だったかを話し合ってみるなどの取り組みが大事ではないでしょうか。

⑤あったか言葉・うれしい言葉・楽しい言葉あつめの取り組みもできます。現在、幼児期であっても、死ね、臭い、うざいなどのネグレクト・他者否定・いじめ言葉の反乱が子どもたちにも影響をしはじめています。そのなかで対抗文化としての言語形成の取り組みとして位置づけたいものです。

今後の課題として考えてみたいこと

さいごに幼児期の性教育で課題として考えてみたいことを列挙していきたいと思います。

①ジェンダーの鎧《よろい》をまとっていない父をどのように登場させるか、②ひとり親家庭について、乳幼児からどのようにこの時期にテーマ化できるか、③キッズスキルでは、問題があるのは何ができないかではなく、その問題を解決するスキルを学んでいないという知見を踏まえれば、性教育でこの時期の子どもに伝えたいスキルとは何か、④ライフサイクルのなかで、幼児期の性教育をどうとらえるか、⑤幼児期の性教育をどう社会的な取り組みにしていくのか、⑥心地よさ感をどのように伝えていくことができるか、⑦ダメな方法だけでなく、こんな方法をという提示を具体的に子どもにできるか、⑧情報の取捨選択能力を保護者にどうはぐくむか、などの課題を挙げることができます。

これからの性教育では、人生はじめの性教育のあり方が問われています。ぜひ保育園、幼稚園、児童福祉施設、さらには家庭でこの課題にチャレンジしたいものです。

４　幼児期の性教育をすすめていくうえで、大切なテーマのポイントと分岐点

幼児期の性教育のポイント・分岐点として、①性差・性役割、②出産・出生、いのちの大切さ、③家族、④男女関係、⑤セクシュアル・マイノリティ、⑥からだ観、⑦性的虐待・性被害を取り上げて、これらのテーマのこれまでとこれからを考えてみましょう。

①出産・出生、からだの大切さ

出生やいのちの神秘さや〝がんばって命がけで産んでくれた〟母親への感謝で終わる性教育では生まれる子どもの存在とともに父親の存在もほとんど見えてきません。結局は母子一体論の強調になっていることに注意をしたいものです。

いのちのしくみを科学的に説明して、出産・出生に関してお母さんもとってもしんどいけれども、赤ちゃん自身が「生まれるよ！」って合図を出して、赤ちゃんがすご～くがんばって生まれてきたことを伝えたいものです。産道を通るときに胎児の肺にいっぱい入っていた羊水をはき出しながら出てきて、そしてはじめて肺呼吸に切り替えるときに、空気が赤ちゃんの肺に

入ってきます。それがまさに出生のときの第一声＝産声です。いのちや出生に関して、徹底してからだ学習の課題として展開することを提案しておきます。

②性的虐待・性被害

人のからだにはプライベートゾーンがあって、それはとくに性器、胸、おしり（こうもん）などの下着を着けているところと性器、口などの粘膜のあるからだの部分であることを説明してきました。しかし実際の加害行為は、衣服の上からソフトタッチングしたり、手を握ったり、膝の上に座らせたりすることからはじまっていくのです。ですからプライベートゾーンを限定的に説明することで反対に導入の行為への警戒解除という誤ったメッセージを送ることにもなりかねません。そうしたこの課題の実践の落とし穴があることを性的虐待・性被害の実態から考えていく必要がありそうですね。

このテーマの実践的こなし方として、性被害（家族のなかの性的虐待ではないケース）では、①どのように加害者は近づいてくるのか（お嬢ちゃん・ボク、道・家を教えてくれない？子犬がいなくなったので探してくれない？……などの具体例をあげて伝える）、②特定の人物像などはないこと（中高生、ハンサムな若いサラリーマン、女性、おじいちゃん、自転車に乗ったおじさん……）、③それと一人でいるときだけではなく、数人が一緒のときにも声をかけてくることもあることなども忘れないようにしたいものです。④すごく近づいてきたら（手を伸ばして捕まえられる距離）離れること、⑤近くの人通りのある方に逃げて、「たすけて！」と大きな声で叫んで、いまあったことを伝えること、⑥かりに被害を防ぐことができなかったとしても子どもはぜんぜん悪くないので、保護者に話すことを丁寧に伝えてください。日ごろからなんでも話せる、事実を話しても叱られないという子どもの信頼を得ておくこともおとなの側の姿勢として問われていますね。

③性差・性役割

幼児教育や保育のなかでは、お父さん役割・お母さん役割を肯定的に語ることが少なくありません。外で働くのはお父さん、家で食事を作るのはお母さんということで、実際には男女の「特性」を強調することがよくありますし、おままごと（模倣遊び）は男女の特性を一面化して刷込んで、結果的に男女の性別役割を〝学ぶ〟ことになっていました。

むしろ男も女のからだもほとんどは同じで、役割についても家事・育児は男性もできるし、保育園の場合は保護者が共働きであったりシングルで働いていたりすることがほとんどですから、そうした事実に即して語っていきたいものですね。

④家族

家族は社会の基礎単位であり、あったかな人間関係の集団として扱われることが基本になっています。「血のつながり」によって結ばれた人間の絆として語られることが少なくありません。父親と母親がいて子どもがいる家族であることが幸せの保障でもあるかのように考えられがちですが、実際の家族は父子家庭、母子家庭、両親がいる家庭、三世代家族、単身赴任による別居家族、子連れの離婚・再婚家庭（ステップファミリー）、里親家庭、施設での〝拡大された家族〟、同性婚家族など実に多様な家族の姿があります。

家族の実際は幼児期の子どもたちからみても実にさまざまなカタチと実態があります。固定的な家族像を提示するのではなく、実際のいろいろな家族を紹介することで、大事なことは思いやりのある関係でハッピーな暮らしをつくることをプロセスの問題として具体的に伝えたいものです。結婚は家族形成の終わりではなく出発であり、家族のプロセスは結婚や出産などどうやってちからを合わせて暮らしているのかを語っていきたいものです。家族のなかの旧態然とした性別役割分業論、父母と子どものいる画一的な家族像を押し付けるようなメッセージには注意しましょう。

⑤男女関係

幼児期では男女が一緒に遊ぶことを楽しんでいますが、3歳ころからジェンダー意識が芽生えてきます。とくに遊びの場面で男の子と女の子の遊びの区分、さらには男の子による女の子の排除が見られるようになったり、女の子のなかに入って遊ぶことに対してひやかしたりすることも目にするようになります。またことばの男女差も荒々しい言葉・暴力的な言葉（オマエ、テメエ、オレ、〜するんじゃねーよ、〜しろよ）と優しい言葉づかい（ワタシ、○○ちゃん、〜しようね）といった男女差が徐々に表れてきます。そうした外形と言動によって男の子は男のアイデンティティを獲得していくという現実があります。

荒々しい言動が〝男らしさ〟という獲得のプロセスと感じている男の子が女の子に攻撃的で暴力的支配的な態度をとることもよくあります。こうしたジェンダーバイアスの表れに対して一緒に遊び、男女が協力してとりくむことの楽しさを体得する機会を増やしたいものです。あんまり神経質にならずに「あれあれ、そんな言い方より、～と言った方が気持ちいいね」「優しくしてあげていて、えらいねえ」と男女共通の言語と行動を評価し、具体的に提示していくことがあってもいいのではないでしょうか。

⑥セクシュアル・マイノリティ

すでに幼児期には「オカマだ～」「オンナみたい」「ＩＫＫＯみたいだぁ」などの言葉を耳にするようになります。テレビでゲイの人たちを笑いものにするメッセージを頻繁に聞くことで、ホモ・フォビア(同性愛嫌悪)が確実に注入されています。子どもたちのなかには「へんなひと」として心に植えつけられています。保育者自身がセクシュアル・マイノリティに関する学習をしていないと、「へんなひとに近づいてはダメよ」「ビョーキのひとだからね」などという偏見を助長することばをくり返すこともあります。性的虐待の加害者像と結びつけることは絶対にあってはならないことです。

人は男性（女性）で男の人を好きになる人もいれば、女の人を好きになる人もいることを伝えればいいのです。正常vs異常、普通vs特別、一般vs特殊という評価を加えることなく、人間の性の多様さを事実・現実に即して語ればいいことです。テレビなどでも特殊な存在のように映されることが多いのですが、「男の人で男の人を好きな人もいていいんだよ」とさり気なく語りたいですね。

⑦からだ観

子どもたちの言葉のなかには「おっぱい」「チンコ」「おしり」「セックス」などの性に関わる用語が使われるようになります。幼児期からからだはいやらしいもので、他者から見られるものとして認識していることが多いのです。「デブ」「ブサイク」などのからだへの攻撃を頻繁に口にするようになることも幼児期から見られます。からだの不浄観や嫌悪感・観は月経や射精に対してもつくられることになりますが、その基礎にはからだ観のゆがみがあります。この時期にからだっていいものだという感覚と観点をはぐくむ課題が性教育にはあります。〝気持ちいい〟ことに否定的にならずに、からだの感覚をとってもステキなこととして子どもたちに語っていきたいものです。

子どもたちにとってはじめて出会う性教育で、あなたは何を語りたいですか。

第3章　女の子の性と教育実践

―女の子への性教育を考え直す―

佐藤明子（武蔵野美術大学講師）

はじめに　―性教育は旧態依然―

昔は学校での性教育と言えば、女の子だけを集めて「初潮指導」を実施し、それで終わりでした。「でした」と言いたいですが、それが今でも、講演先で対象の母親に訊いてみても、また、授業で大学生に訊いてみても同じ答えが返ってくるのです。学生たちは「初潮指導」の他に何かあっても、「よく覚えていない」「印象に残るようなものではない」「現実に役に立つものではなかった」という感想が返ってきます。「親からの性教育は」と訊くと「とんでもない、親と性の話をしたことなんてありません」という学生のほうが多く、「我が家では性についてフランクに話してくれて、質問にも答えてくれました」という学生に出会うとホッとします。子どもたちは、なかなか適切な性教育に触れることが難しい現状だと思います。こんな環境で育たなければならない子どもたちは性教育のネグレクトに遭っているとも言えます。このままでは女の子（男の子）としてやがて女性（男性）として育つ中でいろいろな困難があると思われて心配です。

1　女の子として生まれるということ　—性の分化—

「オギャー」と生まれた時に、多くの場合、先ず性別を確認するでしょう。性別は外性器の形によって判断します。「おちんちんが付いているのが男の子で、女の子にはない」とか「女の子はどこかに落としてきたんだ」などという言い方をよく聞きますが、そうでしょうか？　女の子の性器・男の子の性器はどんなふうに出来上がるのでしょう。

赤ちゃんはお母さんのおなか（子宮）の中でめざましく発育していくのですが、初めの受精卵（0・2ミリ）だった時から40日くらいまでは性器の形は（性腺原基という）男女の区別がついていませんでした。初めは、将来女の子になる場合も男の子になる場合も、性器は女の子のような性器でした。「女性が基本形で、男性は応用編だ」「男の子も初めは女の子だった時がある」「人間の原型（もとの姿）は女性だった」といった表現をする人がいます。

およそ45日を過ぎる頃から、性別の変化が現われてきます。性別を決定する性染色体はXと

Ｙです。女の子はこの性染色体の組合せがＸＸですので、自然にそのまま女の子になっていくのですが、男の子になる胎児は、性染色体がＸＹの組み合わせを持っているため、Ｙ染色体の「男になれ」という働きにより性器が女性性器から男性性器へと変わっていくのです（性染色体の組合せには例外もある）。Ｘ染色体はからだ全体の形態や機能についてあらゆる情報を伝えているのですが、Ｙ染色体には「男性になる」情報しか持ち合わせていないということです。

ＸＹという組合せの性染色体を持つ胎児のからだでは、Ｙ染色体のはたらきにより、卵巣が精巣へと変わっていきます。その精巣から男性ホルモンがどんどん出てきて、内性器・外性器を男性化していくのです。精巣はだんだん下がっていき、大陰唇が閉じて袋となった陰のうの中に収まります。クリトリスが伸びていき、そこを包むようにして左右の小陰唇がとじて包皮となり、ペニスが出来上がるのです。こうして男性器は作られていきます。ペニスの先は亀頭部ですが、この亀頭部と女性のクリトリスには同じように性的快感を最も強く感じるという特徴がありますが、元が同じだったからということができます。

「性器の性分化」の過程で何らかのうまく進まない要因があって、はっきり性別の区別がつかない赤ちゃんが生まれる場合もあります。20年前では３０００人に1人、今では２０００人に1人という割合でそういう子どもが生まれています。インターセックス半陰陽と言い、昨今「ＩＳ」という言葉でテレビドラマにもなり、知られるようになりました。

以上は「性器の性分化」についてですが、脳も「性分化」します。性器の性分化が終わった男の胎児には、脳に向かって女の胎児と比べて多くの男性ホルモンが注がれ、男の脳になっていくのです。Y染色体の無い女の子はそのまま女の脳になるのです。

「脳の性分化」の過程で何かの異変が起こると、からだの性と脳の性に不一致な状態が生じ、そのような人たちを性同一性障害（GID）と言います。「障害」という名称がつくのは、GIDの中で治療や手術を希望する人がそれを受けられるためについているのです。

からだの性も心の性も多様で、100%女性（男性）である人はなく、どのくらいの女性性（男性性）があるかということでは大変な個人差があるわけで、性別は多様であるということができます。

2　女性性器について正しく把握する

女性性器は大切なからだの一部であるにもかかわらず、歴史的に見て長い間、まともに扱われてこなかった器官ではないでしょうか。女性性器の俗語的呼び方ではとかく卑猥感が備わったり、「性交」を表す言葉になっていたりします。

問題なのは、女性の人権という意識が育っていないため、男性による痴漢やレイプ、盗撮事

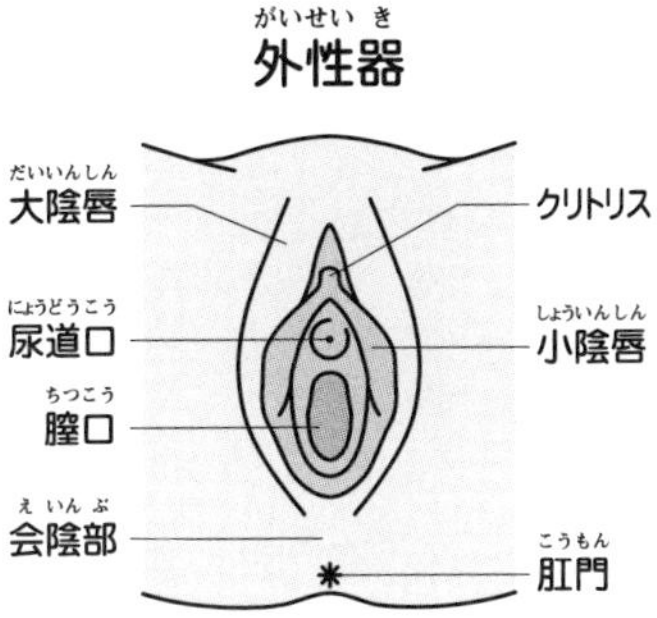

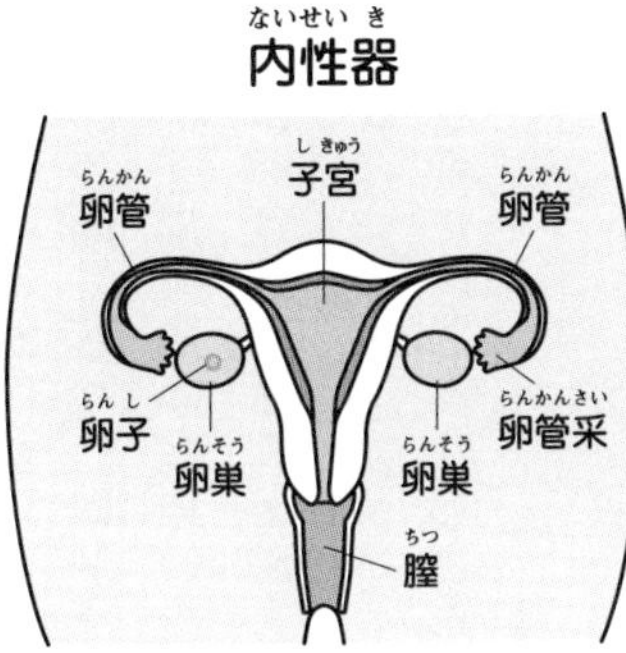

件が後を絶たないという現実があることです。それらが犯罪であり女性の人権やいのちへの侵害であることを女性自身が把握する必要があり、さらに、男性が女性性器について正しく学ぶことで、女性の存在や人権・尊厳までも認める意識を持たせることに繋がるのです。

女性自身が女性性器をきちんと理解し（鏡で確認もできます）、自分の性器の主人公になることは大事なことです。そのために性器の部位の名称まできちんと理解してもらいたいと思います。外性器ではワギナ、膣口、大陰唇、小陰唇、クリトリス、内性器では膣、子宮、卵管、卵巣といった名称は、最低限きちんと覚え把握することが必要です。自分が健康な時の外性器をきちんと把握して、何か異常（かゆい、痛い、腫れている、発赤している、ただれている等）を自分自身で確認し、それを親や医師に伝えることができる女の子になって欲しいのです。月経が始まったら、それを手帳にメモしておくことも自分のからだを把握することになります。

　また、男女ともそうですが、性器はからだの中でも最もプライベートな部分であることを理解させ、エチケットを学ばせる必要があります。自分の意に反して人に触られたり見られたりしそうになったら、はっきりと「ノー！」の意思表示をし、場合によっては噛みついても引っかいても良いからその人から逃げることを教える必要があります。

「性交」という行為は、この最もプライベートな部分である性器の触れあいで、最も親密な人間関係としての意義があると言えるのです。

　性器自体が「不潔なもの」とか「いやらしいところ」ではないのに、そのような表現がよく見られるのは大変残念なことです。性器は排泄器と兼ねていたり、近い位置にあるということから「不潔なもの」のように扱われがちですが、尿そのものは実は汚くはないということと、排泄器の表面に残った尿が汗や膣分泌液と混ざり、空気に触れることで不潔になることがありますので、排泄後の処理の仕方や、入浴によって性器を清潔に保つという生活習慣を小さい頃から身につけさせることが大切です。

3　思春期に起こるからだと心の変化

　思春期になると、からだの変化としては女子には月経（初めての場合は初経）、という現象が起こります。このことについて親や教師等から適切な話を聞いていることは本人にとって重要なことで、誰からも聞かずに初潮を迎えた場合のショックは大変なものです。是非、配慮してほしいことです。

月経は一次性徴（内・外性器に見られる性別）の発達によるものです。月経は、受精卵の着床がなかった場合に、女性ホルモンの急激な低下が起こり、子宮内膜の血液循環が途絶えて壊死《えし》を起こし、それが崩れて血液とともに体外に少しずつ排泄されることを言います。子宮内膜は受精卵を迎えるために栄養と酸素を多く備えて肥厚しますが、不必要となるとそれを排泄して、又次の受精卵を待って肥厚するということを繰り返しています。月経は３〜７日間くらい続きます。小さく崩れた子宮内膜と血液の量は数日間で１２０ＣＣくらいのものです（個人差やその時の体調にもよる）。月経が始まった日から次の月経のはじまる前の日までの日数を月経周期と言いますが、これが安定するまでには数年かかります。初経があったら手帳に記しておき、その後の月経についてもメモすることを習慣にすることができたら、自分のからだを知る上で参考になりますね。更に、基礎体温を測定してメモしていくと排卵の有無と時期が分かり、避妊の為にも参考になります。月経周期が安定して来ると、次の月経が来るころを予測することもできるようになり、いろいろな予定を立てる時にも参考になります。こうして自分のからだと快適に付き合って行く材料にしていくと良いでしょう。

月経は脳の指令を受けて女性ホルモンが働くために起こるのですが、このホルモン量の変化は時に体調に影響を及ぼすことがあります。月経前緊張症や月経困難症と言われる症状です。腹痛・頭痛・いらいら等がありますが、こういう場合に、骨盤の周りの筋肉をゆるめる軽い運動をすることやぬるめのお風呂にゆっくり入るなど、からだと心をリラックスさせることは症状を和らげますので、是非実行して快適な月経期間を過ごしてほしいものです。計算によると女性の人生の内月経中の日数の合計は6年間くらいになるということなのですから。

初経を迎える時期は人によって違い、10～18歳くらいですが、早いとか遅いとかを気にする必要はありません。目安としては1年間の身長の伸びが急に著しかったとか、乳房が少しふくらんできたとか、おりものという膣分泌液が膣から出て下着が汚れたなどということがあったら、生理用品を用意すると良いですね。

女子の二次性徴（性器以外に見られる発達による変化）としては、概して乳房の発達や全体的に脂肪がついて丸みを帯びた体つきになり、性毛が生えてきます。

子どもたちはとかく友だちと比較して自分のからだの発育について早いとか遅いとかを気にしたり、劣等感を持ちやすかったりするので、人には個人差があって、それぞれが肯定的に受け止められるように助言することが大切です。

思春期は心の発達も著しい頃です。心が子どもから大人に変わっていく頃ですから、感情が落ち着かなくなることもあります。大人への批判も増大する中で、何とか自分というものを成長させていく思春期というものは、後にそのころを振り返った大人が「怒涛のようであった」などと語る場合があります。周りの友達と比較して、発達の仕方の違いにとかく悩む時期ですが、人は顔かたちが違うようにいろいろな点で個人によって違いますし、まず、「自分が自分のことを認めて好きになれると良いね」と語ってあげたいものですね。親や教師は、大人になりゆく子どもたちの成長をまず喜ぶ気持ちを持ち、一人ひとりの子どもを尊重するという心を忘れないで接することも大切だと思います。

4　いのちを育み、産み出す可能性のある性を持つ女性

卵巣から卵子が飛び出すことを排卵と言います。卵子は卵管の先の卵管采に受け止められて卵管の中を子宮の方向へと運ばれていきます。卵子の寿命はたった1日ですが、受精能力はもっと短くて数時間ともいわれています。

膣の奥で射精された精子が子宮を通って卵管まで泳いでいき、その先端に近い卵管膨大部というところで卵子と出会い、受精が起こります。小さな胎芽が、やがて胎児へと生長し、母体外で生きられるまでに生長すると受精卵が子宮内膜にもぐりこんで母体とつながり、新しいい

のちが芽生えるのです。子宮頸管・膣（産道）を通って膣口から生まれ出る（帝王切開の場合もある）のです。女性のからだの中で、こんなドラマティックな出来事が行なわれているのです。

なぜこんなことができるのか考えてみましょう。人間のからだにある「免疫機構」と深い関連があるのです。いのちを作り出すという意味ではそこに「免疫の寛容」という現象が起こるのです。子宮頸管は通常は濃い粘液で栓をした状態になっており、有害物や異物の侵入を防いでいるのですが、排卵の頃には薄い粘液となり精子を迎え入れようとします。子宮に届いた受精卵から突起が出て子宮粘膜と連絡を作り胎盤を形成していくのですが、これらが「免疫の寛容」のはたらきといえるのです。

受精卵は胎芽から胎児へと成長しますが、母体はその成長を促し保護しています。やがて胎児は生まれても良い頃になると、自分のからだからホルモンを出し、それが臍帯・胎盤を通って母体に伝わります。母体の脳でこれをキャッチした時、母体ではこれまで働いていた「免疫の寛容」という態勢から通常の態勢へとスイッチが切り変わり、胎児を「異物」とみなし、体外へと排出していくのです。そこで起こるのが陣痛と言われる子宮の収縮なのです。「赤ちゃんを『異物』と感じるなんてひどい！」などと思わないでください。胎児はそれほど主体的に自分を育て、生きようとして生まれ出てきた存在なんだということが重要なのです。受精から約38週で、胎児は38億年の生物の進化をたどってヒトとなって生まれるのです。自分のからだから新陳代謝したもので羊水が汚れないように、それを飲んでは自分のからだで濾過し、きれいなおしっこをして自分の住む環境をきれいにします。大便は生まれるまで溜めておき、生後に初めての大便として「胎便」を排泄するのです。胎児は、母乳がうまく飲めるように、指しゃぶりをして乳首に吸いつく練習をしたり、羊水の中で手足を動かし、生後元気に生きていくための練習をしています。

特に生まれる時には最も太い頭から出ようと準備しますし、体表面の胎脂を潤滑油代わりにし、頭蓋骨を多少重ね合わせて頭を細くして回旋しながら生まれ出てくるさまは健気《けなげ》とも言えます。肺液で満たされていた赤ちゃんの肺は、狭い産道を通過する時の圧迫により絞られて、初めに頭が出て顔が出た瞬間には鼻や口から肺液がぶくぶくと溢れ、空になった肺に鼻から空気が入ったり出たりする音声が「産声」となって聞こえるのです。新しいいのちの見事な生きる力を感じますね。

母体の陣痛も、後産（「あとざん」胎盤の娩出）も、言わば免疫機構のはたらきの１つです。このあと、母体は母乳を出す仕組みを活発にするのです。うまくできていますね。

いのちを作り出すには男性の存在が必要なのはいうまでもないことで大切なのですが、女性のからだではこうしたドラマが展開され、そして産んだ後には母乳により、生まれたいのちを育てていくという巧みなはたらきも備えているのです。いのちを生み出す可能性を持った女性のからだを肯定的に受け止められるように親や教師は導くことが必要です。また、その一方で産みたくても産めない女性もいるということも教える必要があります。不妊の原因は女性だけにあるのではないことも知っておく必要がありますが、ここでは紙面の関係で詳しくは述べられません。

5　幸せな性を自ら選択して行く力を

人間の性は、幸せに生きるためにあると私は考えますし、子どもたちにも是非そのような人生を送ってほしいと願っています。

それを脅かすのは女性の人権や尊厳を無視した言動であり、社会の女性への間違った価値観や構造ではないかと思います。その行動は暴力や支配といった形で現われます。避妊をしないセックス・デートＤＶ・痴漢・レイプといった性犯罪、ＡＶやポルノ雑誌・ケータイやインターネット等の中の興味本位な性情報、各種の性産業など、子どもたちが成長していく中で、余りにも多くの問題があります。

「性の被害者にならないために」とよく言われますが、私は「性の加害者にならないために」と強調したいと思います。「性の加害者」は男性のほうが断然多いという傾向があります。生理的には、性欲を感じる中枢の大きさと性行動を起こさせるはたらきを持つ男性ホルモンの量が断然多いのが男性です（個人差はあります）。性器が外側に向いていて（ペニス）、性交の際には相手の体内にそれを挿入するという仕組みはやはり性行動における積極性という要素を持つ必要があるのでしょう。女性性器の粘膜の広さと、構造が内側に向かっているという意味で、性感染症に感染し易いのは女性であるということも言えます。

しかし、大切なことは、性欲が起こったからと言って誰でも男性は性の加害者になるかというと、多くの男性がそうではないということを強調したいと思います。それは大脳新皮質のはたらきで思考・判断・記憶・統合することができ、行動を自己決定する能力を持っているからなのです。性欲を即、性行動に繋げることなく生活していく力は思春期の頃に大いに発達すると考えられます。この時期にこそ、しっかりした性教育を豊かに学ぶことで、その後の人生が豊かなものになっていくのではないでしょうか。そうして、例えどんなに問題のある情報に接したとしても、それにより自分のセックス観を左右されることなく生きていかれるメディアリテラシーを持って欲しいものです。

男女共に言えることですが、科学的な知識を豊かに持ち、自他の人権を尊重し、お互いに自立し、自立し合った人間の共生をめざすこと、それらを尊重できる人間に成長していけることが大切です。

第4章　男の子の性と教育実践

村瀬幸浩（一橋大学講師）

はじめに――いまなぜ男子の性なのか

日本の性教育―学校で教えられる性に関する教育―は月経教育とか月経学習、と代名詞のようにいわれるほど中身は女子の性が中心でした。教えるのも女性、学ぶのも女子で男子の性はらち外に置かれていました。近年男女一緒に学ぶようなってきつつありますがその内容といえば依然として女子の性中心です。

つまり男子は自らの性について正面から学ぶことのないまま大人になっていくのです（いまの大人の男性もそのように育ってきました）。正面から学ぶことのないまま自分の性的好奇心を巷の性情報（ひとまずこれをポルノ情報といっておきます）で充たしながら大人になっていくわけですから両性（すでに性別については単純な二分法で考えるべきではないとされていますがとりあえずここでは両性としておきます）の関係がうちとけあった柔らかなものになかなかなりません。その結果両者の矛盾が「さまざまな暴力」という形で噴き出すようになりました。

このように性はそれに関わる両者の関係のありようを写し出します。ですから望ましい関係づくりを志向するには互いの性について学び合うこと、なかでも長い間放置、無視されてきた男子の性を教育課題としてとりあげることが欠かせないと思いその中身について提起しようと考えました。

1　男子の性の悩みは深い

快感に近づきやすい男子の性

男子にとってとびきりの性感帯の1つであるペニス、その中を通っている尿道は同時に精液（精子と精しょう）の通り道でもあります。男子は小さな頃からそのペニスをつまんで排尿しますしそれ以外の時もさわったりいじったりします。そしてさわっていると気持がいいとかホッとする感じを知って育ちます。

やがて精通経験を経て射精の快感を知ります。女子の月経とは裏腹に男子は性の快感を早くから知るのです。そしてその快感をくり返し味わおうとする男子がグッとふえていきます。しかし自分の体になにが起こっているのか知るすべもないまま「こんなことになっていいのか」「自分だけおかしいのではないか」と悩む男子も出てくるのです。

女子の性の変化についてもさまざまな悩みが伴ないますが、男子の性は快感に近づきやすいためひとにたずねにくく悩みは内面化したり屈折したりすることになりがちです。

まともに学ぶチャンスのない男子の性

現在龍谷大学にお勤めの猪瀬優理さんの調査研究によると（北海道の高等専門学校の男子生徒と女子高校二年生に当る生徒を対象に行われた月経観・射精観についての調査—男子162人、女子133人）「月経は汚わしいもの」に同意した男子は5・2％、女子は4・7％であったのに対し「射精は汚らわしいもの」に同意した女子は8・6％、男子は14・3％であったとありました。また「月経は恥ずかしいもの」は女子12・4％、男子8・0％であったのに対し「射精は恥ずかしいもの」に女子は13・9％が同意しているのに対して男子は19・5％、ほぼ5人に1人が「恥ずかしい」に同意したと報告されています。

この結果は私にとって予測しないものでした。みなさんはどうですか？

で、私はなぜこうした結果になるのか考えてみて重大なことに気づいたのです。それは「もしも女子が学校や家庭で月経について全く教わらないとしたら、教わらないまま月経を経験したとしたら、それは大変な衝撃と混乱にみまわれるのではないかということです。しかも自分の周りに悩みをきいてくれたり相談したりする人がいなかったら―。

男子には射精についてシッカリ話をしてくれる人も悩みごとに耳を傾けてくれる人もまずいないのです。

そこで男子の中には電話相談に向かうケースが出てきます（電話相談へ性に関する悩みを持ちこむのは圧倒的に男子です。それだけ相談する相手がいないことを表しています。このテーマについては本書の別章でとりあげられますので十分参照して下さい）。もちろんそれで解決できればいいのですが。それから性に関する悩みや好奇心から巷の性情報の渦にまき込まれていくケースがあります（これについては次の項で）。もう1つは誰にも相談したりできずに自らの性への嫌悪感から女子の性、さらには性そのものに対する嫌悪、侮辱、攻撃や回避につながっていくケースが考えられます。

無知無理解がすべて問題につながっていくわけではなく、何となくわかり何となく自らの性を受け入れていくことが多いのでしょうが「より良い関係づくり」にとってこれは決して望ましいことではありません。

好奇心を煽り偏見をつのらせる性情報

昨今男子は何によって性情報を得ているのでしょうか。学校での性教育によって避妊や中絶、あるいは性感染症などの知識は得ていますが（とはいえ決して十分ではありません）、セックス（性行為）についてはＡＶ（アダルトビデオに代表されるポルノ映像）やインターネットなどからというのが中・高・大学にすすむにつれて著しくふえていきます。そうした情報はもともとマスターベーションに利用することも含めて男性の性的好奇心をみたす（と同時にＡＶによって好奇心がつくられもします）ために作られているわけです。ＡＶはすべてがそうだというわけではありませんが基本的に男性の優位性、支配性を前提に、女性の性を弄《もてあそ》び虐《しいた》げる、差別的な表現にみちています。そこには両者の対等性を基にした幸せで明るい性表現をみることはまずありません。

このことはそうしたＡＶ・ポルノによって、それを直接観る観ないを超えて社会における両者の性関係をとりまく意識として相当根深く定着しているといっても過言ではありません。セックス（性行為）におけるジェンダー偏見（男の性はたくましいものであり、ある程度の暴力性も許容されるという）はこうして醸成されていきます。これは女性にとってばかりでなく男性をも不幸にするのですが、そうした学習チャンス・指導を受けることはまずありません。

この問題は、ＡＶが、後ほど触れるデートＤＶや性暴力・レイプ等、加害の性への導火線となる可能性につながっていくと考えられます。

さて、このように考えてみると今のこの世の中で男の子の性がまともに育っていくことなど至難の業だと思われるのではありませんか。実際至難の業なのです。そしてなにか問題を起こせばすぐに「だから男の子は…」とか「だから男って本当に仕方のないものだ」とかと非難攻撃の的になります。教えないでおいて、学ばせないでおいて―。

ではどうしたらよいのか、先に生きている大人として性に関して男子になにをどう教え伝えるべきなのか、学校性教育としてまだほとんどまともに手がつけられなかったこの課題について次に考えてみましょう。

2　男子の性―性教育実践の展望

射精学習のすすめ

前項で紹介した調査にもあったように「射精」に対してネガティブ（否定的）なイメージを当の男子の方がより強く持っていることがわかりました。調査にはなぜそうなのかは示されていませんが、私は次の３点に集約されると思います。

①精液の白くて（少し黄色っぽいことも）ドロッとした感じが「ウミ」のように思えたりして〝汚ない〟と同時に〝何か病気になったのでは〟と不安に思う。

②普段尿の通り道を通って出るので精液には尿が混ざっていて不潔なのではないか（本当は

尿それ自体も不潔ではないのだが、汚ない汚ないと言われてそう思っている）と思う。

③射精に伴なって感じる快感（これも誰もがいつも同じように快感を感じるわけではないが）が自分だけがこんな風だと思いこみ、〝変〟だとか〝やばい〟とか、後ろめたく思えてしまう。

最初の射精（精通経験）をどんな形で迎えるのか。かつては眠っている時に夢をみていてハッと気づいたらパンツに漏れてしまった。寝小便かとビックリしたり、それにしてはベタッとしていて気持ち悪かったという人が結構いましたが、近年の調査では「夢精」は第2位。1位は「マスターベーション」になっています。それほど子どもたちの身近に性情報が溢れているということです。

さて先の3点についてそのわけを学校であるいは大人から予め教わっていたら、予めでなくても思春期を生きる中で精通の意味や射精の生理について学ぶことができたらきっともっとらくに、そしてもっと誇らしくやさしく自らの性に立ち向かうことができるに違いありません。次にその3点について少し解説してみましょう。

①精子はごく微少の細胞で外部からエネルギーが供給されないと動けません。精巣で作られた後、精管の厚い筋肉層がねじれるようにして動いて40～50センチもの距離、精子を押し出していくのです。やがて精のうや前立腺からの分泌物に混じることでエネルギーを得るのです

が、そのエネルギーのもとが精のうがつくり出すアルカリ性の果糖、そしてその果糖の結晶が白色なのです。これは水に出会うとすぐ溶けて透明になります。また前立腺液も白っぽい色をしています。

②射精された精子はアルカリ性の環境では元気に活動できますが、女性の膣の中は酸性なのでほとんどそこで死んでしまいます。辛うじて生き残ったわずかな精子が子宮の中へすすんでいくことができます（子宮の中はアルカリ性なので精子は何日も生きられます）。で、少しでも多くの精子が生き残れるようにドロドロした粘っこい液体で包んで子宮の入口にはりつくのです（これもやがてサラサラになって流れ出ていきます）。

ところで尿と混ざるのではないかという話ですが、膀胱から尿道に出ていく管は内活約筋という筋肉で締められていて膀胱がいっぱいになっても尿が勝手に出ていかないようになっています。精管は膀胱の出口の下の方で尿道につながっていますので射精の時に尿が一緒に混ざることはないのです。

前にも書いたように尿自体汚ないものではありませんが、精液に混ざらないこともハッキリさせておいた方がいいでしょう（図１参照）。

③射精に伴なう快感について。ほかの動物の射精や交尾に快感が伴なうのかどうか定かではありませんが、高等動物になると交尾期（さかり）以外にも性行為をするものもあるようです。

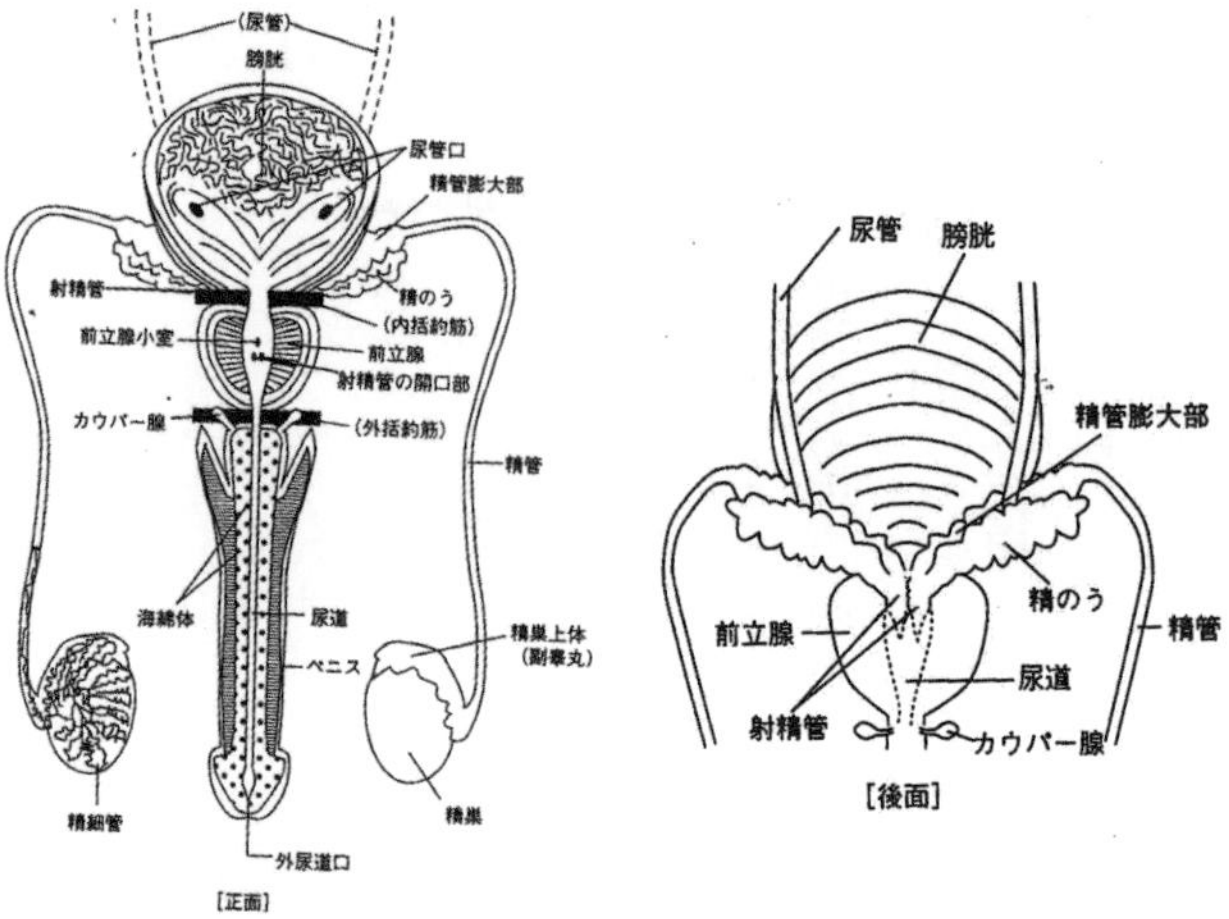

図１　注　正面の図：膀胱、前立腺、ペニスは前方部の断面図。左の精巣等は内部の細管を表示。後面の図：点線部は前立腺の内部を表示。

参考文献：高橋長雄監修・解説「からだの地図帳」講談社、
Ａ・Ｍ・クック編「からだの百科」岩波書店等。

いずれにせよ本能としてだけでなく快感があるために性行為を続けて種を絶やさないできたと考えられるわけで、いわば生殖戦略にくみこまれた営みとしての射精・交尾であり性交といっていいでしょう。人間はやがて生殖と快感を切りはなし本能としてではなく「文化」として巨大な性の世界を創造してきました。

つまり快感は性行為をやめないためのごほうび、男子に対しては生殖に責任を持つ大人の男として生きていく証しでありそのためのごほうびと考えさせたらどうでしょうか。

このように①〜③まで見つめてみるとすべて「生殖戦略」―生きものとして残り続けるための方法、計略ということがわかります。人間の性行為の一番の核は「生殖」なのですね（それだけに「生殖からの自由・避妊」には相当の決意と努力が伴わなければうまくいかないのです）。そういうからだ、性を持つ大人に近づいたという意味について男子に考えさせていくための「射精学習」、大切ですよね。

マスターベーションを「セルフプレジャー」として

前項③で触れたように快感をおぼえることを恥じたり、ましてや忌むべきものとしてとらえることは生涯にとって大きな悲劇です。しかし実際に快感快楽を卑しむ考え方は根強くあり、それが性そのものを卑しみ、軽視、軽蔑することにつながっています。

従来の性教育では性の快感を積極的に肯定することはまずなくマスターベーションにしても「ほどほどにしておけ」とか「男は仕方がないが女はしない方がいい」などと歪んだ抑圧のメッセージを発してきたのではないでしょうか。

男子の電話相談で「包茎の悩み」とベスト1、2を争うこの「マスターベーション」について「するしないは自分で決める」ことを原則に明確な方向性を示すべきだと私は思います。

①「自流《じとく》（自らけがす）」という意味を持つ「マスターベーション」という表現から「セルフプレジャー（自分自身のたのしみ）」に言い換えて一切の否定的メッセージを伝えない、むしろ肯定的積極的な意味を賦与《ふよ》していくのがよいと考えます。

自分のからだ・性器を自分でさわって快さを感じ性的な欲求や衝動をみたすこと、みたせることは価値ある性行為だということです。なぜならそのことによって自分のからだや性器をよきものとして受けいれられるし、自分自身で性的欲求や衝動を解消できるという自信が身につくからです。と同時にひと（他人）のからだや性器を自分の欲求をみたすために利用するのは人権の侵害であり犯罪につながるという認識も育てたいところですね。

②もう1つはセルフプレジャーによって自分の性を管理できるようになることは性的に自立した人間としての成熟に向かう証しであり親から離れて、精神的にも自立していく大きな目安・ステップの1つと考えられます。

実際知的障がいを持つ子どもたちにとって自らの性の管理は一大課題であるし、それができることは発達の証しであるといいます。また性的問題行動を起こす人の中には自分の性の自己管理ができていないケースがあるともいわれます。

こうした意味からもセルフプレジャーという性行為に対してもっと正当な光があてられるべきでしょう。

③セルフプレジャーが積極的意味を持っているといっても、実際にそれを行なう「時と場所」には十分注意を払うべきことも併せて指摘することが不可欠です。TPO、つまり時と場所と状況を判断して行なうことは人間の性行為として当り前のエチケット、マナー、モラルです。

自分にとって心地よい行為であっても、それをひと（他人）がみると不快であり場合によっては犯罪行為になります。

以上のような内容を含んだ学習は思春期男子（女子に対しても基本的に同じですが、ここでは敢て男子にということで）に必須なのではないでしょうか。

対等な関係こそ互いに幸せな性の保障

この考え方は至極当り前のはずですが、実際には古く頭の中にしみついたジェンダー（社会的文化的な性差、性別意識のこと）の意識が邪魔をしてなかなか実現するのは難しい現状があります。

古くからしみついたジェンダー意識、つまり優位性、優越性を男性である自分が持っていて当然だと思い込んでいて、口先では対等平等と言いながら、いざ性関係を含む特別な関係になると女性を自分の思うように扱う振る舞いをする。そして事もあろうにそうするのが「愛情」であるからそれに従うよう強要し、相手が応じないと非難攻撃し、挙句の果てに暴力を振るうようになる――結婚していればDVですが、いまそれがデートDVという形で大学生はもとより高校生、中学生にまでひろがりつつあるといいます。

もっともデートDVは男→女ばかりでなく、携帯電話によるつきまとい等は、女→男の方が多いというデータもあるくらいです。しかし性暴力をふくめて圧倒的に加害者は男性です。

性暴力といえば、レイプやセクハラもふくめ男性が抱くセックスのイメージがアダルトＤＶＤやインターネットのアダルトサイト等の影響（多くは男性の性的幻想を映像化したにすぎない）を受けて作られていて、それが相手との性関係の現実に反映し両者の対立、亀裂を生んでいると考えられます。つまりやさしく柔らかい性表現のイメージが描けないという貧しさ、その結果としての性加害という問題もあります。この点についてはメディアリテラシーというか巷の性情報をどう読みとるのかの学習が重要性を帯びてきました。

こうした意味から考えて「デートＤＶ」は思春期男子にとってとても意味深いテーマです。それはセックスとはなにか、愛するとはどういうことなのか考えさせる上でも貴重なテーマになります。そして「愛する」とは、その人の存在、いのち、からだ、こころを尊重する、大切にすること。それに対して「セックス」はしばしば自分の性的欲求を解消し快感を味わいたいというエゴイスティックなものになりかねないこと、そういう中で〝対等な関係に基く幸せな性〟はなかなか難しい、しかしそれは人として生きていく上で取り組みがいのある問題であることを指摘しながら「君の性的欲求とはなにか」男子に問いかけていくのは意味深いことではないでしょうか。

妊娠させる性としての自覚を育てる

本稿では精通経験を持つことは妊娠させる力を持ちはじめたことの証しであるとくり返し述べてきました。このことは男子の性を学ばせる中で強調しすぎるほど強調し伝え続けなければならないと思います。

妊娠といえば、そして出産・育児というのは女性の問題であり、男である自分のことではない、自分には関係ないという男性がいかに多いか、そしてそういう男性の考え方や振舞いが女性を傷つけ両者の関係を破綻に導いていくのです。たしかに妊娠という現象は女性の身にしか表われませんが、そこには男性の関与が前提です。男性がいなくては妊娠は成立しないこと、このことは精通・射精の学びの中で不可欠です。そして避妊の責任はもとより生まれた後の育児についてもパートナーとともに担っていく（どこまで共に担えるかは社会的条件もあって一律にはいきませんが）という考え方を、学校教育として育てることが必要な時代です。

性の多様なあり方に目をひらく

この課題については本書の１つの章として別に設定されていますので、そこにお任せします。男性の性の学びの中にもシッカリ位置づけていくべき問題です。

男子の性被害について

　これは男子に対して学ばせる前に、まず教師として理解しておくべきこととして書いておきます。

　性被害というと、とかく男は加害者、女が被害者として考えられ扱われがちですが、男子も性被害を受けること、そしてそれは女子と同様に〝生きていく力を失うほどの屈辱、自己嫌悪を伴う〟ということです。

　こんな光景はありませんか。小学校の廊下でおとなしいタイプの男子があお向けに寝かされ、元気のいい男子が股間に足を当てて振動させる〈電気あんま〉のような遊びを。もしもされているのが女子ならば、周りは大騒ぎをするし教師も血相変えてとんでいくはずです。ところがされているのが男子だと先生が傍を通りかかっても〝ふざけている〟と判断され「おい、いい加減にしておけよ」とたしなめる程度で通りすぎてしまうのです。

　第一、被害者である男子自身、その時に泣きわめいたり「先生！　助けて！」とは言わない、言ったら最後彼には「ヒヨッコ」「男じゃない」という烙印が卒業するまでついてまわることを知っているからです。だから言えないで〝笑っているふり〟をするのです。

　学校ではもちろん家に帰っても親に言えない、言えば「そんなことぐらいでめそめそするな」とか「男だったらやり返してこい」と言われかねないから。

電気あんまばかりではない、時にはとり囲まれてパンツを脱がされペニスをいじられたりすることだってあります。こうして被害にあったある男子は、家に帰って裏庭の物置きで首をくくりました。

何とも悲しいジェンダーの縛りといわざるをえません。

理解していただけたと思いますが、性被害は被害者の性別とは関係なくプライバシー、人権への侵害です。ですから被害にあった生徒の痛みに寄り添ってほしいのです。そして学校の中ばかりでなく、公園や人通りの少ない所など、いろいろなところで起こり得る性被害について、それはからかい、ふざけ、いたずら。エッチなことではなく被害をうけた人の明るくのびのびと生きていく力を奪ってしまうほどの悪行であると、性別のちがいなく教えてほしいと思います。

以上、男子の性を中心に性教育の課題について提起しました。いずれもわが国の性教育の中で十分とりくまれてこなかった内容なのではないかと思います。

しかし冒頭にも述べたように、男子・男性の変革によってこそ性・ジェンダーをめぐる人間関係の明るい明日がひらけていくのではないか、私はそう思いながら筆をとりました。

共感していただけるのなら、ぜひ実践化に向けて歩を進めて下さい。きっと子どもたちはそうした内容の学習を待っていると思います。

男子が自信をもって自らの性に明るく立ち向かっていくようになった時、性・ジェンダーを超えて幸せに生きる時代がみえてくるのではないでしょうか。

【参考文献】
村瀬幸浩『男性解体新書』（大修館書店）
『男の子のからだとこころ』（成美堂出版）
『にない合う思春期の性と子育て』（十月舎）
『性のこと、わが子と話せますか？』（集英社新書）

第5章　障がいのある子どもたちに豊かな性教育を

船越裕輝（障がい児学校教員）

1　障がいのある子に性教育は必要なの？

結論から言えば、「障がいのあるなしに関わらず性教育は必要です」。私が性教育を学習し始めた15年ほど前、性教育は必要か否かを議論するとき、「寝た子を起こすな！」ということばをよく聞きました。それは、性教育への偏見だけではなく、「自分自身が触れたくない」「できれば避けて通りたい」という思いから生まれてきたことばなのではないかと思います。

私は、知的障がい児学校の小学部時期の子どもたちと長く関わる中で、保護者も教員もこの時期の子どもたちは「性的な課題のある子は殆どいない」と思っている人が多いと感じました。あの「寝た子を起こすな」的な考え方と同じで、障がいがあるが故に、「性的な問題を起こしてほしくない」「性的な課題のある子は殆どいない」と思いたかったのではないでしょうか。

このような思い入れが、子どもの性的な課題に対して、正面から向き合うことを避けたい、ということにつながるのではないでしょうか。

　性教育否定論者から、「障がいのある子に羞恥心を教えるのは難しい」「性教育を教えたら、何をするかわからない」などという話をよく聞きました。確かに、羞恥心を教えるのは簡単ではありません。しかし、その人たちが、どんな性教育を指して、「何をするかわからない」と言ったのだろう？　という疑問が私の中をよぎりました。「性教育が必要だ」と感じている人でも、「性教育は結婚した人がやった方がいい」という人もいました。そう考えると「性教育」とは、いったい何なのでしょうか？

　私は、性教育を学習していく中で、その答えをある程度見出すことができました。以前の私を含めて多くの人が捉えている性教育とは、月経、男女の性器の違いなど、いわゆる「下半身のみを扱う性教育」だったのではないかと思いました。中には「(知的な）障がいのある子は、結婚しないのに、性教育は必要なのか？」と言う人もいました。今考えると、人権意識のなさを感じずにはいられない発言だなと思います。しかも、障がいのある子どもたちを守り育てるべき立場の教員の発言とは思えません。

　最近の調査で、多くの保護者・教員は「障がいのある子に性教育は必要である」と思っています。しかし、ほとんど実施されていないというのが現状であります。その理由として、性教育と言っても、何をどう教えたらいいのかがわからない、という現実があると私は思います。では、知的な障がいのある子には、どういう性教育が必要なのでしょうか。教える側はどういうスタンスで性教育をしていったらいいのでしょうか。

「性教育は必要である」と考える保護者・教員の多くは、性的な問題行動をなくしたいと思って、そう言っているのだということがだんだんわかってきました。例えば、性器いじりや異性への抱きつきなど、そういう問題行動を改善させるにはどうしたらいいのか、という対症療法的な性教育を指しているのだということがわかってきました。

私は、性教育を「心とからだの学習」と称して実践を行ってきています。その学習には、心とからだの変化（成長過程・二次性徴）を学習したり、「いのちの誕生」生命の成り立ち（性交・妊娠・出産・子育て）を科学的に学習したり、性被害・性加害についてロールプレイなどで学習しました。

私は「性教育とは何か？」を考えるとき、「人との関わりの教育」などと広く捉えるようにしています。私たちは人との関わりの中で生きています。子どもたちもまた、家族や友だちなど、様々な関係の中で生きています。その関係性も学習していく必要があります。

「性教育とは何か？」を以下の４つにまとめることができます。

①心とからだ（二次性徴）の教育

②生命誕生の科学とその尊さ（人権）の教育

③人間関係（人との関わり方）の教育
④人生そのもの（生活、生き方）の教育。
「性＝生」と言われるのは、生きていく上で性が必要なものであるということです。だから障がいのあるなしに関わらず、性教育は必要なのです。寝ている子はいません。寝ていたり、寝たふりをしたりしているのは、私たち大人たちなのではないでしょうか。

2　性的な存在？

「性的な存在」とは何でしょうか？　子どもはやがて成長し、大人のからだへと変化していきます。しかし、知的な障がいのある子どもたちの場合、知的面の発達の遅れから、からだは大人でも、いつまでも小さい子どものように接してしまっていることが多々見受けられます。障がいのある子との接し方で、それがなかなか難しく、なかなか抜け切れないことが多いです。しかし、障がいのあるなしに関わらず、人として接していくことが大切です。ひとりのかけがえのないいのち、また性をもったひとつの個体としてという意味を含んだ存在のことを「性的な存在」と捉えることができるのではないでしょうか。

障がいのある子どもたち一人ひとりを「性的な存在」と捉えることができるか否かが、人権教育の観点からの性教育ができるか否かにかかってくるのだと思います。

３　障がいのある子の性的な課題（問題行動は発達要求）

性器いじりや異性へのタッチなどのことを、よく「性的な問題行動」と呼んだりします。しかし、ここではあえて、「性的な課題」と呼び、前向きに捉えていこうという考えから、そう呼んでいます。また、性的な問題行動は、実はその子どもの大切な発達要求なんだ、という捉え方も大切になってくると思います。

障がいのある子、特に男の子の性の課題の相談でいちばん多いのは、「人前での性器いじり」です。羞恥心は４才〜５才の発達の力だと言われています。ただ単に「恥ずかしい」と周りから言われて隠れるということだけではなく、人にどう見られているかが理解できる発達の力が羞恥心だと思います。しかし、知的な障害のある子どもたちの中にはその羞恥心が育ちにくいため、人前でズボンの中に手を入れてしまったり、おもむろに性器を出してしまったりすることがあります。それに対し、周りの反応は、「キャー止めなさい（女性の場合が多い）」「ダメ」と叱り飛ばし、挙句の果ては「手をパシッと叩かれる」ケースも見受けられます。そういう対応でいいのでしょうか。私は非常に疑問に感じます。

4　知的な障害のある子への性教育の実践例（心とからだ・いのちの学習）

性の絵本の読み聞かせ

てっとり早く、すぐにできる性教育の実践として、私がお勧めしたいのは、性の絵本の読み聞かせです[*1]。以前に比べ、最近はいろいろな性の絵本が出ています。裸の絵もイラスト的に描かれており、誰でも気軽に、それほど抵抗感を感じずに読み聞かせをできるのではないかと思います。実際、私が読み聞かせをしたとき、子どもたちの多くは興味深げに絵本を見つめていました。読み終えた後は、意図的に教室の棚に置きました。手に取って何度も何度も見ている子もいました。また、私が絵本の読み聞かせで気をつけたことは、以下の3つです。

①大人の意見を押し付けない
②難しい表現は言い換える
③子どもたちの目に留まるところに絵本を置く

特に「大人の意見を押し付けない」に関しては、絵本に書いてないこともつい「ダメだよね」などと大人としての意見を言ってしまい、道徳的になってしまいがちですが、そこはグッと我慢し、子どもの意見として出てくるようにした方が、子どもの心の中にストンと落ちるのではないかと思われます。

※１　おかあさんとみる性の本『ぼくのはなし』『わたしのはなし』『ふたりのはなし』山本直英監修（童心社）１９９２、こころからだいのちのえほん『女の子』『男の子』北沢杏子（岩崎書店）１９９０

ボディイメージを育てる

①等身大の絵

「からだに関心をもってほしい」「からだの名前を覚えてほしい」ということをねらい、ひとりひとりのからだの型取りを行いました。子どもたちに模造紙の上に仰向けに寝てもらい、鉛筆でからだの輪郭を取っていきました。次の時間は、からだのパーツ（髪の毛、目、鼻、口、眉毛、耳、乳房、おへそ、性器）を、型取りしたからだに貼り付けていきました。そして、カードにそれぞれのパーツの名前（髪の毛、目、鼻、口、眉毛、耳、胸、肩、乳房、お腹、腕、手、おへそ、足、性器［ちんちん、ペニス、ワギナ」など）を書いてもらい、それも貼っていきました。からだのパーツは頭のてっぺんから順に、子どもたちに提示していきました。性器が出されたとき、「げー、恥ずかしい」と言って、顔をそむける子もいました。「そうか、恥ずかしいよね。でも、ここ（性器）は大切なところだから、ちゃんと貼ろうね」などとことばかけをして、貼っていきました。

　また次の時間は、服作りをしました。「性器が丸見えで恥ずかしいので、今日はズボンとスカート、Tシャツを作ります」と、服の形に切られた白い紙に、クレヨンやマジックで色付けをしてもらったり、チラシを切って貼ったりして、思い思いのズボンとスカート、Tシャツを作ってもらいました。そして、取り外しできるようにして、からだの上に貼りました。その等身大のからだを、しばらく、教室に飾ってありました。等身大の絵の人の服を脱がすときは、必ず「○○くん、今日はみんなの学習のために、ズボンとTシャツを脱がしてもいい？」などと言ってから、服を取ることを心掛けました。また、大きくなった自分、成長した自分を感じてほしいと思い、赤ちゃんの等身大の絵を同じように作り、隣に並べました。「みんなは赤ちゃんのときはこんなに小さかったのに、今はこんなに大きくなったんだね」と確認しました。

　それから、プライベートゾーンの学習も合わせて行いました。水着を作り、等身大の絵に水着をつけました。「水着で隠されているところは、とても大切なところです」と言い、以下の4つを確認しました。

・性器は人に見せない
・人に触らせない
・人のプライベートゾーンは勝手に触らない
・でも、病気のときはお医者さんや親に見せたり、触らせてもいい

以上を踏まえ、ロールプレイを繰り返し行いました。例えば、「「性器（ちんちん）見せて？」という人がいたら、どうしよう？」に対し、「イヤだと言う」「逃げる」という練習をしました。

②お風呂学習

障がい児学校では、小学部の高学年になると、1泊2日の宿泊学習が行われます。その事前学習のひとつとして、週に1回、計10時間のお風呂学習に取り組みました。お風呂学習は、寄宿舎や生活訓練室のお風呂場を使いました。時間は掃除のあとの5時間目や6時間目に行いました。お風呂学習のねらいは以下の3つにしました。

・お風呂の心地よさを味わう（共感し合う）
・自分でからだを洗う
・性器をしっかり洗う

お風呂学習では、同性介助を基本としました。温かいシャワーでからだ全体を濡らし、垢すりなどに石けんをつけて洗っていきました。「胸、胸」「肩、肩」など呼称しながら、からだの名前の学習を兼ねて、洗っていきました。そして、子どもたち同士での背中の洗いっこも行いました。それから、ペニスの包皮を引いてきれいに洗うようにとことばかけもしました。無理にはせず「やってごらん」とことばかけをしました。できるようになった子は、トイレで小便をするときも「皮を引いてから、おしっこしてね」などのことばかけをしました。お風呂学習のあとは、教室に帰って、お茶を飲みながら「さっぱりしたね」「気持ち良かったね」「また、お風呂入ろうね」などのことばかけをしました。子どもたちは水遊びが大好きなので、毎回のお風呂学習をとてもたのしみにしていました。

その他の性教育実践

①性器いじり

人前にも関わらず、性器いじりをし続ける男の子がいました（小5・自閉性障害）。彼の中に羞恥心はまだ芽生えてませんでした。明らかにパンツの中に手を入れて、おもむろに性器をポリポリ掻いていました。初めはパンツの中に入れている方の腕を軽くトントンと叩いて「かゆいの？　でも今はやらないで」とことばかけをしました。本人もパンツから手を出してくれました。しかし、数分後また同じことを始めました。しかもペニスが勃起してしまってました。同じように手を軽くトントン叩いても止める気配がなかったので、教室後ろの簡易更衣室（カーテンで仕切られる）に彼を誘いました。そして、ズボンとパンツを脱いでもらいました。すると、陰のうの近くが赤くなり、ブツブツができていました。痒くて掻いていたんだと理解し、保健室から軟膏をいただいて、患部に塗りました。すると、ポリポリ掻くことはなくなりました。

性器いじりは、特に男子の場合、とても気持ちがいいものであります。自分のものを自分で触ることは何も問題はありません。ただ、人前で触ることが問題となるのです。そこで、どうしてもやめてくれないときは、プライベートな空間で性器いじりをしてもらうことがいいのではないかと思います。中には手をパシッと叩いてしまう大人もいるようですが、それはやめた方がいいです。まず、自分の性器に対して嫌悪感を抱くことにつながりかねないからです。性器いじりも自分のからだを確認するひとつなので、大切な行為として捉え、認めていくことが大切だと思います。

②羞恥心を育むのは難しいけれど…

羞恥心は、４才～５才の発達の力だという話は、前でしました。しかし、知的な障がいのある子にとって、それを教えるのは難しいときが多々あります。そこで、私は「着替えるときは、隠れてする」ことを習慣づけてはどうかと思いました。羞恥心がないから、どこで着替えてもいいというわけではなく、教室では隠れて着替えるように、家庭では決められた場所で着替えるようにしてもらっています。

③いいタッチ・イヤなタッチ

「いいタッチ」「イヤなタッチ」を子どもたちに出してもらいました。また、学校生活の場面でよく見られることを、実際に教師がやってみせて、「いいタッチ」か「イヤなタッチ」なのかを、子どもたちに判断してもらいました。「肩を叩くとき、〈軽くトントン叩く〉〈強く叩く〉どっちがいい？」という具合に進めていきました。

望ましいタッチのやり方を、普段の学校生活の中で、丁寧に繰り返し学習することで、子どもたちにも定着していきました。ポイントとして、「教師が答えを出さない」ことを、グッとこらえて学習したことが、ポイントだったと思います。

④赤ちゃん人形の登場

「今日は、みんなの心とからだの学習のために、ゲストが来ています」「小さくてかわいいゲストです」「会いたい人？」「呼んでくるから待っててね」と言い、私は赤ちゃん人形を抱っこして、子どもたちの前に登場しました。赤ちゃん人形には、本物のオムツや服も着せました。

「かわいい」と思わず口に出してしまう子、おそるおそる赤ちゃんの顔を覗き込んだり、触れたりする子もいました。

「抱っこしてみたい？」と聞きながら、ひとりひとり抱っこしてもらいました。ぎこちないながらもしっかり抱っこする子、緊張して腕が固くなっている子もいました。しかし、不思議と投げてしまう子はいませんでした。

「この赤ちゃんは女の子と思う？　男の子と思う？」

「わからない」

「どうしたらわかると思う？」

「ちんちんを見る」

「そうか、オムツを取って見ればわかるんだ」

「見てみる？」

「うん」「恥ずかしい」

「〇〇（赤ちゃんの名前）、今日はみんなの学習のために、オムツを脱がせてね」

と断りを入れてから、オムツを脱がしました。子どもたちは真剣に覗き込んで見ていました。

赤ちゃん人形は、性器のある外国製の赤ちゃん人形（男女2体）を使いました。日本製の赤ちゃん人形は、残念ながら、性器がツルツルになっていました。

5　日常生活の中に性の視点を

障がいのある子どもにとって、性的な課題は日常生活の中にたくさんあります。例えば毎日行われている「着替え、排泄、食事」は、なるべく自分で、自立できることを目標に行われることでしょう。着替えや食事の中で、豊かに生きるための性の視点として、「好きな服を選ぶ」「好きな食べ物を選べる」ことがあげられるのではないかと思います。準備されたものを着けるだけ、食べるだけではなく、２つから１つを選ぶなどができたらいいなと思います。

それから、「好きなこと（遊び）をする・見つける」ことも大事なことで、手や足、指、からだ全体を使って遊べる遊びのレパートリーを増やすことにより、余暇の時間、自由な時間をたのしく過ごすことができるようになると思います。

また、人間関係の中でも、「折り合いをつける」ことができるようになれば、関係にも幅が広がると思います。「折り合いをつける」力を育むには、普段からの大人側の最大限の配慮が必要となってきます。大人からの押しつけだけでは、育たない力だと思います。

６　障がいの重い子どもたちの性教育とは？

障がいの重い子（１才～２才の知的な発達）の性教育のねらいとして、「心地よさを味わう」「心地よさを共感する・響き合うこと」をねらいとし、そこを最大限に大切にしました。

毎日同じ時間（昼食の前後）に、「トイレに行こうね」と声をかけて一緒にトイレに行き、「パンツとズボンおろすよ」とことばかけしました。そして、排泄がうまくいったときは、必ず「すっきりしたね」「気持ち良かったね」などとことばかけをしました。同様に、靴や衣服の着脱、歯磨き、洗面などでも、必ず「○○するよ」「足出して」「手をあげて」など、ことばかけを丁寧にしていきました。

大人の手を引いて、取ってほしいものを要求したときも、子どもの気持ちになって「○○取ってほしいの？」と聞いて、反応を待つなどと気持ちを代弁すること、やりとりをたのしむことを常に心がけました。ことばでの要求が難しい子どもとの基本的な接し方ではありますが、共感関係（響き合う関係）を日々積み重ねていくことで、子ども自身の中に、基本的な信頼感が育まれ、いろいろな活動にも参加していけるのではないかと思います。

7　障がいのある子も、豊かな性と生を

障がいのある子の性教育は、性的な問題行動への対処法、または問題行動を起こさないためだけに行うものではありません。

豊かに生きていく（生活していく）ために、「（自分の）からだはいいものだ」ということを含めた「か

らだ感（ボディイメージ）」を子どもの中に育むこと。また、安心感を十分に抱ける関係、大切にされているんだと十分に感じ取れる関係を大事にしていくことが必要であります。そのことの積み重ねが、障がいのある子にとって、ひとつの「自己肯定感」につながっていくと私は確信します。

性教育の課題（性的な課題）は、子どもたちの日常生活の中に必ずあります。そこを見逃さずにすくい上げられるかが、ポイントとなります。その性的な課題に立ち向かったとき、ひとりの人間として、また大人として、子ども（たち）と共に考え、共に成長していけるのではないかと思います。

最後に、「障がいのある子どもたちへの性教育は必要だと思うけど、何をどうしたらいいのかわからない」という人たちにとって、「こんな性教育ならやってみようかな」と思ってくだされば幸いです。ちょっとした決心があれば、性教育は誰でもできます。さあ、明日から性教育を実践してみませんか。

第6章　性教育の基本となる「多様な性」を学ぶ授業でのポイント

渡辺大輔（大学非常勤講師・教育学）

1　「多様な性」の学習の位置づけ

性教育において「多様な性」は非常に重要なテーマですが、多くの学校ではこのテーマに取り組んでいません。２００８年のゲイ・バイセクシュアル男性対象の調査では、学校教育（授業など）で同性愛について「一切習っていない」と答えた人が76・1％、「異常なもの」として教わった人が４・１％、「否定的な情報」を得た人が10・２％である一方、「肯定的な情報」を得た人はたったの６・５％しかいませんでした。[*1] ９割以上の人が自分たちのセクシュアリティについて「肯定的な情報」を得る機会が学校教育のなかではないということがわかります。

一方、性教協では、１９８０年代後半から「多様な性」を性教育の重要なテーマのひとつとして扱ってきました。２００８年の性教協会員対象の調査では、27・５％の教職員などの方々が「さまざまな性（性同一性障害、同性愛など）」を性教育の中で実践されていることがわかりました。[*2] 前述の調査を大きく上回る数で「多様な性」の授業に取り組んでいることは、性教協会員の方々のこれまでの地道な積み重ねの成果でしょう。しかしまだ4分の1を少し超えただけという見方もできます。もっともっと多くの方がこの「多様な性」を前提とした性教育に取り組んでくれたら、それによって救われる子どもたちも多くいるのではないかと思います。

日本において、「多様な性」という学習テーマは文部科学省の学習指導要領には記載されていないものの、人権教育の領域では次のように位置づいています。

２０００年に制定された「人権教育及び人権啓発の推進に関する法律」に基づいて策定された「人権教育・啓発に関する基本計画」（法務省）では、推進方策における「各人権課題に対する取組」で、「(18) その他」として、「同性愛者への差別といった性的指向に関わる問題や新たに生起する人権問題など、その他の課題についても、それぞれの問題状況に応じて、その解決に資する施策の検討を行う」と明記されています。

また、２００５年に公表された「『人権教育のための国連10年』に関する国内行動計画の推進状況」では、「重要課題への対応」として、「性的指向（異性愛、同性愛、両性愛）に関する人権」と「性同一性障害者に関する人権」をあげ、「積極的に啓発活動を行っていく」「人権擁護活動を推進していく」と明記しています。

さらに、法務省・文部科学省による『人権教育・啓発白書』（二〇一一年度版）でも、第1章・第2節の「人権課題に対する取組」のなかで、「13 その他の人権課題」として「［1］性的指向（異性愛、同性愛、両性愛）を理由とする偏見・差別をなくし、理解を深めるための啓発活動」「［3］性同一性障害者の人権」を明記し、これらの人権を保障するための取り組みの必要性を謳っています。[*3]

本章では、これまで「多様な性」という学習テーマに取り組んできた方にも、これから取り組む方にも、このことをテーマにした学習のポイントなどについてお話ししていこうと思います。その前に、学習課題を明確にするためにも、「多様な性」に関わる沖縄の状況を確認してみましょう。

2　沖縄のセクシュアルマイノリティの現状

セクシュアルマイノリティ、とくに同性愛者は、いつの時代にもあらゆる地域に3〜5％または10％（さらには20％）は存在するともいわれていますが、その実態は不明です。何をもって同性愛者とするのか、個々人によってアイデンティティの持ち方も違います。したがってその実測は不可能です。沖縄県の人口が約１４０万人（２０１２年２月）なので、仮に5％としても、

7万人は同性愛者で、バイセクシュアルやトランスジェンダーなども含めたらもっともっと存在することになります。観光旅行者の中にももちろんさまざまなセクシュアリティの人がいるので、その人たちも加えるとさらに人数が増えるでしょう。

しかし、「沖縄県は、東京や大阪などの大都市圏と比べて、地域の閉鎖性が極めて強」いため、「沖縄県で生活する同性愛者の多くが、地域の人々に同性愛者だとわからないように隠れて生活するという生活パターンをとろうとする意識が極めて強い」といわれています。[*4] したがって、大都市圏以上に、沖縄では同性愛者などセクシュアルマイノリティは見えない存在となっていると考えられるでしょう。

そのような状況ではありますが、那覇市だけでもゲイバーが約30軒存在するなど、他市も含めて、男性同性愛者（ゲイ）がコミュニケーションを取れる場も少なくありません。近年ではセクシュアルマイノリティのためのコミュニティセンターも開設されました。[*5] ここは性感染症予防啓発活動が主要な目的としてありますが、セクシュアルマイノリティが気軽に立ち寄れ、さまざまな情報を入手し、仲間とコミュニケーションを取れる「居場所」としての機能も持っています。

一方、性感染症、とくにＨＩＶ／ＡＩＤＳに関しては大きな課題が見られます。２００７年における人口10万人あたりのＨＩＶ／ＡＩＤＳ感染・患者報告者数が、沖縄県は東京都に次いで全国2位という高い率となりました（2008年は大阪に次いで3位）。沖縄県内の感染は20代・30代の男性が中心で、男性同性間性的接触によるものが85％を占めているとのことです（2009年）。このことより、沖縄県における男性同性愛者への感染予防介入が急務であることがわかりますが、先の沖縄県の特徴をみると、セクシュアルマイノリティが見えない存在となっていることが、感染予防介入の障壁になっているとも考えられます。

さらに、レズビアンやバイセクシュアル、トランスジェンダーの姿はもっと不可視なものとなっています。したがって、さまざまな情報の入手や相談窓口へのアクセス、仲間や支援グループなどとの連帯は、さらに困難なものとなっていると考えられます。

これらのことから、性感染症予防も含めた「多様な性」をテーマとした学習が、学校という場ですべての子どもたちに対しておこなわれる、つまり、さまざまなセクシュアリティの子どもたちが自分や他者の性についてきちんと学習する機会が保障されるということの意味は非常に大きなものとなります。

3　子どもたちの実態

では、教室にいる子どもたちはこの「多様な性」について何を知っていて、何を知らないの

〈表 1〉多様な性に関する知識 (1)

質問項目	学年	正解	わからない
①同性愛の人は自分で選んで同性愛になった。	中 2	15%	68%
	中 3	25%	55%
	高 1	35%	34%
②同性愛は医学的な病気である。	中 2	33%	55%
	中 3	28%	51%
	高 1	49%	31%
③同性愛の人は外見や服装や態度や職業で、すぐに見分けることができる。	中 2	50%	47%
	中 3	48%	44%
	高 1	64%	30%
④レズビアンは、男性になりたい女性のことである。	中 2	26%	70%
	中 3	31%	60%
	高 1	48%	49%
⑤思春期の同性愛は一時的なものである。	中 2	11%	81%
	中 3	19%	76%
	高 1	37%	58%
⑥男性同性愛者は、女性になりたい男性のことである。	中 2	26%	73%
	中 3	28%	65%
	高 1	44%	50%
⑦同性愛の人を異性を好きになるように治す必要はない。	中 2	49%	49%
	中 3	46%	46%
	高 1	51%	43%
⑧同性愛のカップルに育てられた子どもは、同性愛になる。	中 2	41%	59%
	中 3	44%	55%
	高 1	61%	39%

〈表 2〉多様な性に関する知識 (2)

質問項目	学年	はい	いいえ
⑨「性同一性障害」という言葉を知っている。	中 2	89%	11%
	中 3	78%	22%
	高 1	96%	4%
⑩同性愛と性同一性障害の違いを説明できる。	中 2	30%	70%
	中 3	19%	81%
	高 1	34%	66%
⑪「異性愛」という言葉を知っている。	中 2	57%	42%
	中 3	48%	52%
	高 1	68%	32%

でしょうか。ここでは２０１１年度に行った関西の公立中学校*6（２年生１３２名、３年生１３０名）および関東首都圏の私立高校*7（１年生２０５名）へのアンケート調査の結果から考えてみましょう。

まずは「多様な性」に関する知識の有無についてです〈表1〉。地域や公私などの違いがある中で、ここでの中学生と高校生を単純に比較することはできませんが、大まかな傾向としては学年が進むにつれ、ある程度「正しい」知識を得ているようにも捉えられます*8。しかし、「正しい」理解は全体的にそう多くなく、「わからない」が半数近く、多いもので80％以上を占めています。

〈表2〉をみると、中高生のほとんどの人が「性同一性障害」という言葉を知っているにもかかわらず、中学生では70～80％、高校生でも60％以上の人が「同性愛」と「性同一性障害」の違いを説明できないと答えています。さらに回答者の多くが「異性愛」だと考えられますが、「異性愛」という言葉を知らない人が半数近くいます。つまり、〈表1〉〈表2〉より、現在の中高生は言葉としての「性同一性障害」や「同性愛」は知っていても、その内実の理解はあいまいで、かつ多数派である「異性愛」の人も自分自身の性についての言葉を持っていないということが確認できます。

その一方で、どの学年も80％近くの人が「ホモネタ」や「オカマネタ」をテレビで見たことがあり、60％前後の人が友達の会話の中で聞いたことがあると答えています。またそれを「いけないこと」として注意をしたことがある人は10％を満たしません。そのような中で、もし自分が同性を好きになったら友達に言えるという人は15％、親に言える人は10％に至りません。つまり「正確」な知識を持たない中で、メディアや友人との会話から発信される「ネタ」によって、友だち同士みんなで偏見を強化していっていることがわかります。実際に自分の身近（友だちや知り合い）に同性愛や性同一性障害の人がいると答えているのは10％前後です。したがって、その偏見が是正される機会はほとんどありません。

4　子どもたちの知りたいこと

では、このように知っているつもりで、実はよく知らなかった「多様な性」、特に同性愛について、子どもたちが知りたいと思っていることはどのようなことなのでしょうか。レズビアンの高校生を主人公にカミングアウトをテーマにしたドラマ[*9]を視聴したあとに、主人公に聞きたいこと・質問したいこととして中学生が挙げたものを見ていきます。筆者が実践した授業ではこれらに対し、同性愛者当事者のゲストが答えるという形式をとりました。[*10]

まず最も多かったのは、「いつ、どうして自分が同性愛だということに気づいたの？」という質問でした。それにともなって、「気づいたときにどう思いましたか？」という質問がありました。

次に多かったのが、「異性のことをどう思っていますか?」「なぜ異性のことを好きならないの(好きなったことはないの)?」「恋人と親友とはどこが違うの?」といった同性愛者における異性・同性の存在についてや、「同性を愛するのは異性を愛するのと同じ感覚?」「恋人のどこが好きなの?」「恋人以外の同性も気になる?」「嫉妬する?」「どうして異性じゃいけないの?」「どういうふうに付き合ってるの?」といった恋愛感情についての質問でした。

これらの質問に対しては、生徒たちも自分の感情・気持ちと照らし合わせながら、考えているようでした。そして、自分と同じ部分や異なる部分、自分の中でもうまく説明できない部分がたくさんあることなどに気づいていったようです。

その他、「同性愛であることで苦悩したことは?」「今まで不都合なこと(困ったこと)はありましたか?」「周囲の人に何か言われたことはありますか?」といった、同性愛者が直面する困難についての質問がありました。ここでは「相談されたときに何をしてあげたらいいのか知りたい」といったコメントも付されていました。また、これに続くかたちで、「どうして親友に打ち明けようと(カミングアウト)思ったの?」「カミングアウトするのに恥ずかしくなかった?」といった、カミングアウトを軸にした周囲との関係性の質問がありました。ここでは、先のドラマの内容も含めて、カミングアウトは単なる秘密の告白ではなく、そこには「信頼」

「信用」「友情」と、新たな関係性の構築への期待が込められていることを確認していました。それによって、セクシュアリティにかかわらず、これまで友達に言いたかったけど言えなかった自分のことを伝えてみようと思った生徒もいました。

日本および世界の社会制度に関する質問も出てきました。ヨーロッパやカナダ、オーストラリア、南アフリカ、アメリカのいくつかの州には、性別を問わない婚姻制度やパートナーシップ制度などがあること、差別禁止法なども制定されている国があること。その一方で、同性愛(行為)が明らかになると死刑となる国もあることなどを知ると、その事実に驚きを受けるとともに、日本(アジア)の制度的不備(差別)の問題へと理解が広がっていきます。

非常に興味深い質問として、「どんなふうに生活しているの？」というものがありました。中学生にとって、同性愛者などのセクシュアルマイノリティはテレビの世界の人であるがために、その人たちが実際にどのような日常生活を送っているのか、想像ができないことから発せられた質問でしょう。朝起きてから食事、通勤、仕事、帰宅、入浴、就寝といったごく一般的な生活が説明されると、自分たちが持っていたイメージというものがどれだけ「つくられたもの」であるかということに気がつきます。

また、「将来どうするの？」といった質問もありました。社会的保障の問題、子どもを持たない生き方、パートナー(恋人)を持たない生き方、誰とどのようにつながりをつくっていくか、など、私たちすべての人が「生きていく」過程において非常に広いかつ重要なトピックを話し合えるきっかけとなりました。

以上が、中学生からの代表的な質問ですが、このように事前に集めたものの他にも、その場で当事者へ質問も多く出ました。好きな人のタイプのような「恋バナ」的なものから、上に挙げたような社会的なものまでさまざまです。このように生徒たちが聞きたいことを率直に質問できる、そしてそこから対話をするということが、「多様な性」を深く理解するにあたって非常に重要な時間となります。

5　「多様な性」の学習でのポイント

人間の性は多様である、ということは性教育のあらゆる段階のすべてのテーマの前提としておかれていなければなりません。しかし残念ながら、このことを学ぶ機会はまだまだ保障されていません。これまでみてきたとおり、学習の必要性と子どもたちの関心は多分にあります。また人権教育の課題としても位置づけられています。したがって、学校教育、社会教育などあらゆる教育の場で、「多様な性」についての学習が行われなければなりません。

その際に、教える側に立つ教職員などの方々が留意すべき点を挙げておきましょう。

　第1に、教室に必ずセクシュアルマイノリティがいるということを認識しましょう。人のセクシュアリティは見てわかるものではありません。現在の社会状況では他者にバレることで集団から排除されないように必死に自己のセクシュアリティを隠している人が多数です。したがって、教室にセクシュアルマイノリティが存在するという認識を持ちにくい状況にあります。しかし、確実に存在します。そう考えると、学習の際の発問にも留意が必要です。たとえばディベートのテーマとして、「同性婚の可否」、ましてや「同性愛者の存在の可否」などを設定することには大きな問題があります。当事者にとっては自分の存在や権利を誰かに判定されることになってしまいます。「多様な性」の学習では、なぜ格差が生じるのか、どのような社会構造がそれを生み出しているのか、どのように社会構造を変えていけばいいのか、といったことにつながる視点の獲得が必要となるでしょう。

　第2に、映像資料やゲストなどで登場するセクシュアルマイノリティが、すべてのセクシュアルマイノリティの代表ではないということです。子どもたちは、映像に映し出される当事者やゲストと、テレビで映し出されるセクシュアルマイノリティとの違いに驚き、そこに偏見のつくられる構造を見て取るでしょう。しかしセクシュアルマイノリティといっても多様です。それは「異性愛者」が多様であるように。したがって、映像資料に登場する当事者やゲストが、「正しい」セクシュアルマイノリティであるといった一面的な見方こそ、問い直さなければなりません。

第3に、「普通」とは何かを問う視点の重要性です。子どもたちはそれらの当事者を見て、話を聞いて、「普通」「私たちと変わらない」という感想を述べることがしばしばあります。しかしここでの「普通」とは何を指すのでしょうか。「心身に性別違和のない異性愛者」は「普通」なのでしょうか。そこは問われなくてもいいのでしょうか。「性の多様性」の学習では、自分自身も「多様性」の中のひとつであること、「普通」や「常識」とは何なのかを問う視点を獲得することが重要になります。

第4に、教職員自らが、自分自身のセクシュアリティや関係性を問い直し、さまざまなセクシュアリティの人とのネットワークをつくっていくことです。ゲストを呼ぶにしても、教職員も初めて会う人と、教職員と日常的に関係性を持っている当事者を呼ぶのとでは、子どもたちの受け取り方も大きく違ってきます。後者の方が子どもたちも「身近な存在」として、すでに常に共に生きている存在として受け止められます。

第5に、「対話」の重要性です。いわゆる「当事者」に語らせてしまう構造自体に問題意識を持ち、同じ空間にいるみんなで対話をしていく。この「対話」によって、「常識」や「思いこみ」を問い直し、同じ部分を持っていたり異なった部分を持っていたりする多様な人々が共に生きていく社会をつくっていけるのだと考えます。したがって、子どもたちがゲストも教職員も含めて安心して対話ができる場を保障することが重要になります。
以上のことに留意しながら、「多様な性」についての学びをつくっていきましょう。

【参考文献】
〝人間と性〟教育研究所編『同性愛・多様なセクシュアリティ　人権と共生を学ぶ授業』子どもの未来社、２００２年
加藤慶・渡辺大輔編著『セクシュアルマイノリティをめぐる学校教育と支援（増補版）』開成出版、２０１２年
渡辺大輔・楠裕子・田代美江子・艮香織「中学校における『性の多様性』理解のための授業づくり」『埼玉大学教育学部附属教育実践総合センター紀要』第10号、２０１１年

＊1　日高庸晴他・厚生労働省エイズ対策研究事業「REACH Online 調査結果報告」http://www.gay-report.jp/
＊2　艮香織「性教育の実態に関する調査」『季刊セクシュアリティ』42号、２００９年。
＊3　世界的にも、「性的指向および性別自認に関連する国際人権法の適用に関するジョグジャカルタ原則」（２００６年採択）や、「人権と性的指向・性別自認」（国連人権理事会にて２０１１年採択）、「同性愛嫌悪によるいじめと万人のための教育に関するリオ宣言」（ユネスコ２０１１年採択）でセクシュアルマイノリティの人権およびセクシュアリティ教育の必要性などが提唱されています。日本も賛成国。谷口洋幸「ジョグジャカルタ原則の採択によせて　―性的マイノリティと国際人権」性的マイノリティと法研究会『法とセクシュアリティ』第2号、２００７年。谷口洋幸「セクシュアルマイノリティの人権に関する国連決議」〝人間と性〟教育研究協議会編『季刊セクシュアリティ』53号、エイデル研究所、２０１１年。
＊4　加藤慶「沖縄県における男性同性愛者へのＨＩＶ感染予防介入に関する研究」（厚生労働科学研究費補助金エイズ対策研究事業平成20年度～平成22年度総合研究報告書）２０１１年。以下、沖縄県の状況に関

しても同様。

＊5 沖縄コミュニティーセンターmabui（まぶい）　office@nankr.jp

＊6 科学研究費（課題番号20530718、研究代表者・田代美江子）の助成によるものです。

＊7 科学研究費（課題番号21730636、研究代表者・渡辺大輔）の助成によるものです。

＊8 ここでいう「正しい」知識・理解というのも便宜的なものです。セクシュアルマイノリティ当事者においても多種多様な感じ方・考え方があります。したがって、「わからない」が「正しい」解答となることも考えられます。

＊9 QWRC『高校生向け人権講座　セクシュアルマイノリティ入門「もしも友だちがLGBTだったら?」』2010年、http://www.qwrc.org/

＊10 科学研究費（課題番号23531042、研究代表者・田代美江子）の助成によるものです。

第7章　性教育は必要です　―電話相談員の立場で考える

安達倭雅子（電話相談員）

日本で、電話で子どもの話をおとなが聞こう、あるいは聴こう、受け止めようと考えたのは、１９７０年代でありました。私の知る限りでは、そのはしりは文化放送の「子ども電話相談室」であったと思うのです。

しかし、「子ども電話相談室」は番組であり、一種のショーです。制作上の構成も公開する上での斟酌もあったことは想像できますが、とにかく、人気のある番組でありました。

その後、１９７９年に国際児童年を記念して（株）ダイヤルサービスという民間企業に「子ども１１０番」がスタートしましたが、これが日曜と祭日、年末年始を除いて毎日、非公開で子どもの声を電話相談と称して受け止めた第一号の試みであったといえます。

どういう経緯で私がその「子ども１１０番」の電話相談員になったのか、その話は割愛するとして、スタート前の相談員の研修の中に子どもたちが、性に関する相談を、あるいは質問をするかもしれない、数は少ないだろうけれど、やっぱり勉強しておこうと、性の項目を設定したことをよく憶えています。講師はお医者さんだったか、今で言う助産師さんであったかで、２次性徴だの脳下垂体ホルモンだの黄体ホルモンだのエストロゲンだのと、無闇と暗記したものです。

ところが、いざ蓋を開けて見ますと、性の相談や質問は量の上でも内容についても予想どおりではありませんでした。まず、その量に驚きました。「子ども１１０番」は当時３台の相談電話と1台の連絡用電話で４名の相談員が午後5時から9時までの間に平均50件程の相談や質問を受けていたのですが、性に関するものはその２分の1を越える日も少なくありませんでした。外部へ報告する都合もあるということで、内容を集計表に入れる時、「からだ」とか「男女交際」とか「恋愛」とかいう項目を新しく設けて性の相談や質問の数字を分散する工夫の指示もあったほどです。この考え方自体がおとな側の子どもの性に対する偏見であり忌避感であることは間違いありませんが、後に新しい世紀を迎えて全国的に設立されたチャイルドラインに至っても、このおとなの姿勢はなかなか急には変わらなかったように思います。

電話相談がスタートして驚かされたのは、（後からよく考えてみれば、それは当然のことでしたが）性の電話相談の数の上での男女の違いでした。事前研修では、女の子の場合の勉強ばかりしたのに、電話には沢山の男の子が性についてたずねました。

たとえば、小学校高学年の男の子の性の電話の割合は50～60％、中学生で70％程、高校男子は80％にもなる。「子ども110番」だと言っているのに、男の大学生も時には電話を掛けて来るのですが、大学生男子なら100％が性という状態でした。この数字は30数年後の現在もそれほど変化しているわけではないのです。

これに対して、女の子の性の電話は小学校高学年で20％に満たず、中学生で20％を越えるかどうか、高校女子で30％程といった数字でした。

これは日本の男の子が旺盛な性の興味の持ち主というより、日本には男の子に役立つ性教育が不足しているという数字でしょう。考えて見れば、日本の性教育のあり方は従来から女型の伝統であったと思うのです。

性の電話の中身にも男女差が見られました。男の子の電話にはやたら性的無知が多く電話の受け手、つまり相談員に科学的に正確な知識さえあれば、「えっ、そうだったの、知らなかった、わかったよ」と終わる電話も少なくなかったのです。しかし女の子の場合は無知は男の子と同じなのですが、無知のまま既に性的に行動してしまっている場合が多いのです。つまり、性感染症や妊娠の心配といった知識の伝達だけではどうにもならない一刻も早く医療に繋ぐ必要にせまられる場合もあって相談員を慌てさせるのです。こんなふうには言えませんか、どちらかと言えば、女の子に抑圧的な傾向を持つ考え方に何とか押え込まれた女の子たちは電話をしない、押え込まれそこねて無知のままに行動してしまった女の子たちが電話をして来るのだと。もうこれだけでも、子どもたちに科学に支えられた正当な性教育がどれほど必要かがわかります。

ちなみに、日本の性教育には、からずも押え込まれた女の子たちは、その後どうなったのか。実はその頃「子ども110番」の隣りには「熟年110番」があり、そこには惨憺たるおとなの女たちの結婚の中の性が語られていて、押え込まれた少女たちも決してよい結果だけを迎えられたわけではないと気付かされたものでした。

電話の中で対応する限り、日本の子どもたちは、生きるために不自由というレベルを越えて壮絶な性的無知を抱えています。早急に科学的な性教育が必要です。しかし世界中のいろいろな国が、どんな性教育をどう積み重ねれば、子どもたちがやがて若者に成長する過程で、性感染症に感染することもなく、望まない妊娠などといった重荷を背負うことなく、性的に自立した十全なおとなになるのかと腐心している時に、なぜか、私たちの国では現在、学校教育の中で、ほとんど「性教育」が不可能になっている政治的現実は、電話相談の中でもその影をはっきり見ることができます。言うまでもなく、子どもたちには本来生きるために必要な性教育を受ける学習権を持っているというべきで、日本の政治がその学習権を剥奪してしまっている現状には大きな問題があります。

「性教育が必要だ」というと、必ずこんな声が戻って来ます。大方は男性です。「昔だって性教育なんて、何もなかった。しかし、オレなんて何も困らないし、結構ちゃんとやってきたよ。だから性教育は必要ない」と。

しかし、ちゃんとやってきたと思っているのは、この方の思いであって、その方の身の回りには、女に生まれて来たことを悔んで泣いた母や姉や妹や、女に生まれて来たために持って生まれた才能を、とうとう開花することなく老いて行った母や妻はひとりもいないのかということが問題なのです。性教育が不十分な、性の傍には、思いのほか多くの女の忍従と被差別の涙が隠されているものなのです。

なぜなら、性教育の重要な目標の1つは、自立を前提とする他者との対等で平等な人間関係を探る学習だからです。

また昔は性教育が無い中で量産されたのは、単純な無知、まっさらな無知であったのですが、現在は違います。現在の日本社会で性教育を怠ると、知らなければならない性知識や考え方を持たない代わりに、知らなくてもよい不要の知識や考え方、あるいは、おそらく子どもたちは知らない方がよいと断言できそうな歪曲された情報だけに満たされた子どもたちが量産されてしまうのです。

性教育で満されるべき空白は、昔のようにそのまま放置されるのではなく、代わりに、おとなたちのための性産業の情報に席巻されてしまうのです。

故山本直英氏は「日本は性産業の先進国、性教育の後進国だ」と指摘しましたが、この国では今、子どもたちは、アダルトビデオを頂点に、コミック誌、テレビ（ＮＨＫも入ります）ドラマやお笑い番組、バラエティと、様々なところからの元気な性怪情報を連日受け続けているわけですが、これを中和したり訂正是正したりできる正当な教育に不足すれば、子どもたちは、この怪情報を信じるべき情報と思うしかないのは当然のことです。特別に何か意図した教育環境がない限り、日本の子どもたちは今、子どもには責任のない、つまり、おとなたちの無責任によって大方がこの傾向の中にいます。

この現状は、顔の見えない匿名性のある電話相談の中には粉飾なく流入して来ます。信じていただけないかもしれませんが、夢精を病気だと脅える少年がいます。「女の人は生理の上に月経まであるんですか」と問う少女がいます。「自慰をし過ぎると身長が伸びないのか」と言ってみたり、「母の生理痛は確実に娘に遺伝する」と思い込んでいたり、知識の混乱や迷走は並大抵ではありません。

しかし、同時に同じ子が重ねてたずねて来ます。

「女は、たいていレイプされたがっているんでしょう？」

「女は何歳ぐらいで処女を捨てるのが、いいのですか？」

「彼女は、Hの時、ビデオみたいじゃないんですけれど、異常ですか？」

「彼はァ、付き合ってもう2ヵ月もたつのに、まだSEX誘わないんですけれど、彼って変ですか？　それとも私に魅力なんですか？」

「コカコーラで避妊できるって？」

「中学生はHしても妊娠しないんでしょ？」

「高校生にもなって付き合ってる女の子いないなんてダサイと思いませんか？」


埼玉大学の准教授であり〝人間と性〟教育研究協議会幹事である田代美江子氏は、知識もなく（知識がないからこそとも言えるが）性行動に直走する日本の子どもたち、あるいは若者たちを「性の乱れ」と言うよりは「恋愛の肥大化」だと指摘しています。

ある種の恋愛至上主義の横行だと思えばいいのでしょうが、現在の子どもたちの理想的な人間像は「モテルヒト」なのだと言うのです。つまり、昔々、小さな子どもたちに「大きくなったら、どんな人になりたいか？」を問うと、総理大臣とかプロ野球選手とか、看護婦（師）さんだとかと返事が返って来たその話ですが、今、小さい子は「お笑い芸人」と答え、少し大きくなると「モテルヒト」と「モテル」ことの重要性が色濃く訴えられるのです。お気付きでしょうが、現在、テレビ番組の所々方々で盛んに現われるお笑い芸人のギャグは、1つは暴力、もう1つは愚かなもの、男のくせに男の仲間に入れてやりたくない「モテナイ男」あるいは女性の場合も、「ブス」「デブ」といった「モテナイ」ことへの軽蔑や差別で形成されていることも見逃せない点でしょう。

お笑い芸人たちのトークの中の「彼女いない歴○○年」「彼いない歴○○年」といった定り文句の蔑称も象徴的ですが田代美江子氏は、彼等彼女等の生活の中で「コイバナ」(自分の恋愛や性経験を開示し合うこと)が重要な文化的生活要素であることを彼等がモテルコトを礼讃する価値観と関連があると指摘しているのです。

とにかく、モテルのだからモテルヒトはちゃんとした恋愛、立派な恋愛をしなければならない。その「ちゃんと」と「立派」の証左が性交ということになるのですが、そのお手本(バイブル)がまたアダルトビデオとなると、そこにもまた「性の貧困」を感じてしまうのです。

子どもたちの電話相談の中の性の分野には、受け手のおとなが面喰うほどのポルノやアダルトビデオの世界にだけ存在する類の過激な用語が飛び込んで来ます。

「そんなこと、中学生のあなたが、今すぐに知る必要はない」という対応もないわけではないことを知りながら、それでは、不足であったとは言え、僅かでも存在した日本の性教育を（殊に、1992年、小学校の保健と理科の教科書に性に関する指導と称する部分を導入できたという歴史を）政治的な身勝手から奪い取ることを許し、その上、何の防御もない子どもたちを、おとなの「遊び」のために存在する性産業情報（アダルトビデオに代表される）漬けにしてしまったおとなのひとりとして、まずは子どもが気の毒で仕方がないと思ってしまうのです。

アダルトビデオについては、帯広畜産大学の杉田聡氏や、徳島大学の中里見博氏などに著書があり、既に明確に指摘されていることですが、現在、日本の子どもたちが知らず知らずの中に、性の規範としているアダルトビデオは、もちろん、性科学とは無縁で、実は一見人間の性や性行動を写しているかに見えて、全く無縁であることを、既にポルノ文化漬になっている子どもたちにどう伝えるかは、今後の日本の性教育の1つの課題だと考えさせられています。

アダルトビデオ風のものに、日本の子どもたちが接する年齢の目安は、だいたい小学校5年ぐらいが「はしり」です。これは電話相談の中にも、それを初めて見たショックを解消したかったり、見たことを「いいのよ、見ても。おとなはみんな見てるのよ」となぐさめ、肯定してもらいたい電話が小5くらいから入ることで推察できます。

アダルトビデオは人間の性を写している様に見えて、実は人間の（まさに男性の）性的な興奮を促し、刺激するためのフィクション（嘘物語）でしかないのですが、男性の性的興奮を促すためには、一途に男性上位、男性に都合よいストーリーにならざるを得ないわけです（詳細は省きます）。

ポルノやアダルトビデオは嘘なんだから罪はない――という人もいます。しかし「嘘も百遍繰返せばホントに化ける」の言い伝えどおり、私は分別のあるおとなも繰返し、それらを消費するうちに（見ると言わずに、消費すると言った方が正確なのだという指摘に従いますが）その考え方が身についていて来る、ましてや、子どもたちです。その上、性的興奮の結果として射精することを繰返すとしたらおとなであるか子どもも問わず、そのシチュエーションやイデオロギーは、快感と共に血肉化するであろう推論は、かなりのリアリティを持つはずです。今後も今までどおりこの国がおとなも子どもも恐ろしいばかりの量のアダルトビデオを消費し、性産業の先進国を続けるとしたら、一体日本人のセクシュアリティはどこへ向って暴走することになるのだろうかと、私は考えてしまうのです。

アダルトビデオが教える男性中心の、男性上位のストーリーを真に受けた少年たちは（中には少女もいますが）電話の中で性を語ろうとする時、電話の受け手が女性である場合かなり熱心にあの手この手で男性上位の位置どりを工夫して来ます。

女なら耐えられないはずだと、彼等が考える卑猥な話や単語を持ち出して、（彼等の持つ女性像としては当然のはずです）相談員の女性が「そんなこと、女の私には耐えられないわ」とギブアップするのを期待します。未熟な相談員や、不勉強な相談員や性について忌避的な考えを持った相談員は、ここで、「恥ずかしい」とか「女にはとても判らないから勘弁して欲しい」とか言ってギブアップするわけですが、すると「ザマアミヤガレ、参っただろう、オレは男だぜェ」と、さもしい快哉を叫ぶ男の子は電話相談の中には大勢います。「結局、そればっかりじゃないの」と憤慨する女の相談員も大勢います。

「オマンコ、オマンコ、オマンコって言って見ろ、言えねえだろ、このオマンコ野郎ッ」

などと叫ぶ少年もいます。

—言えますよ。オマンコ。一体それがどうだって話なのかしら？　オマンコってのは関東地区を中心とする方言で女性性器を指すのだけれど、実は「する」をつけると、性交のことを指してしまうのね。女の性器はその人の人格の中に含まれるもので、必ずしも性交するためにだけあるわけじゃないでしょ。だから、それを混同する言葉は、良質の「ことば」とは言い難いのね。だから、私は自分の言葉としては使わないのよ。

などと答えようものなら、

「お前、女だろ、女のくせにちゃんと理屈言いやがって勘弁してくれよ、オレ、負けそう」

と、情けない声で電話は奇妙な終わり方をします。

女を恥ずかしがらせて、へどもどさせることが男性性であると信じて疑わない男の子たちは、もちろん、それは電話相談員である人のプライバシーの侵害であるには違いないのですが、そんな少年たちは電話相談員に極めて個人的なことを執拗にたずねて来ます。

「電話相談員さんは、ＳＥＸする時、どんな体位が好きですか？」

もちろん、この少年は相談員個人の性交に興味関心があるわけではなく、とにかく相談員が驚いたり、恥じたり、言い澱《よど》んだりさせれば「どうだ、オレは女を組み伏せられた」と錯覚し、そんなことで男性性を確認しようとする、かなり屈折した女性蔑視であるわけです。

―それは、私の個人的なことで、電話を今、かけて来たあなたと、その電話を受けた私は、そんなこと話し合う間柄じゃないでしょう。仮りに、あなたに私が話したとしても、それはあなたには何の参考にもならないのよ、人間の性ってそんなものなのよ。

この少年この程度のやりとりではなかなかすぐには納得してはくれません。

「万が一にも、参考になるかもしれない。女の立場から是非話してよ」

―よし、わかった。それじゃ、とって置きの話をします。

ふたりの男がいて、ひとりの男が、もうひとりの男にたずねたのよ。

「ＳＥＸの時、どんなふうに言えば、妻は喜ぶだろうか」と。

そこで、もうひとりの男が答えたの、

「私の妻はね、『花子さん、君はきれいだよ』って囁くと、喜んでとても燃えるよ」って、
男がその妻と性的な時間を迎えた時、早速囁きました。『花子さん、君はきれいだよ』と。

すると、その妻は喜ぶどころか、ひどく怒り出しました。なぜなら、その妻の名は花子さんではなかったのです。おしまい。

「エッ」

―わかったでしょ。性とか性交とか言う事柄は、個人と個人のレベルの話なのよ。男とか、女とか、ひと括りに考えても始まらないのよ。

「お前、女だろッ」

―そうですよ。

「女ってのはな、そんな生意気言うもんでないよ。もっと男の言うことをきいて、やさしくって、奥ゆかしいもんだぞ。偉そうに喋るんじゃねえよ。バカヤロー。お前なんか女じゃねえよ。モテねえだろ。ザマミロッ」

性的に個人的なことを執拗に話題にして、電話の受けてが女としてオロオロと恥じればそれで女を支配征服した心地で自分の男性性を確認したつもりになるのは明らかにアダルトビデオの影響でしょうが、相談員のたとえ話に、男性優位の立ち位置を失いそうだと思った時に叫ん

だ先述の「女性観」は、正にアダルトビデオに登場する女そのものです。

もし、彼の言う様な、従順で、やさしく、奥ゆかしい「女」についてそれ以上問うならば、「レイプされたがっていて、どんな人とでも一旦SEXすれば、その快感の虜になり、その男を恋して忘れられず、もちろん、レイプされたことを警察に訴えることなんて絶対ないのが女だ」

と、言い出しかねないと思うほどです。それとも、

「女とは、いつもいつもSEXしたがっていて、膣の中に指を入れて掻き回わしさえすれば、すぐ大火事みたいに燃え出して、もちろん、避妊のことや性感染症の心配なんて口に出さないどころか考えもしなくて。だから妊娠なんてしないし、オレの性感染症は別として、オレには絶対に性感染症をうつさないものだ。女ってそんなもんさ」

などと神憑《がか》りなことを言うのかもしれないと想像してしまうほど、彼等は今、ポルノ、殊にアダルトビデオ漬の性意識の中にいます。

私たちは、アダルトビデオと闘えるだけの性教育を早急に創り出し、子どもたちをアダルトビデオ漬から救出しなければならないと思います。

十年程前からのことですが、私は頼まれて4、5歳児に性教育（と言うより、厳密にはからだの勉

強と言うべきでしょう）を試みるチャンスを得ています。

「大切なものには、名前があるよ」というセッションです。頭、首、肩、腕、肘、手首、手のひら、腹、腰、尻、股、膝、足、などと体中の部位と名称を遊びながら、その中に「性器」の名称も入って来ます。

「ここは、何って呼ぶの？」

と人形で性器の部位を指します。すると、

「エロイッ、スケベ」

の声が掛ります。これは男の子も女の子も同じです。

「へえ、ここは、エロイ、スケベって名前なの？」

と問い重ねると、地方によって多少の違いはありますが、たいてい「チンチン」「オマタ」などが出て来ます。私はすかさず、それが、赤ちゃん語（幼児語）であって、赤ちゃんならいいけれど、あなたがたが段々大きくなってお兄さんやお姉さん、おとうさんやおかあさんの年齢になると、もう使えなくなる、使うと笑われちゃう、一生使えるのが「性器」ってことばだという段どりのセッションです。

もちろん、セッションは性器のマナーや清潔などといったことにも言及するわけですが、その中、私は、4、5歳児たちが、自分たちの体に性器があることに軽い罪悪感の様なもの、正体不明の、何だか猥雑感に近い不思議な、しかし、必ず取り除くべき不思議な感覚を持っていることに気付きました。

そこで私は、日本で言うならキューピーさんに当たるであろうオーストラリアの人形（これは人形で人間の体を模してあるのですから性器もちゃんと付帯しています）と、例の東京都の教育委員会に言わしめれば御禁制の品である「スージーとフレッド人形」を子どもに提示しました。結果は大成功で、子どもたちは、

「ナーンダ、別についててもいいんだ。赤ちゃん人形にも、おとな人形にも誰にも性器はあるんだ」

と、健気な実にいい顔をして見せることになるのですが、その少し前、私が人形に「すみません。人の前で裸になるのは、お人形のあなたでもイヤだと思いますが、今日は、私たちの勉強のために特別に裸になっていただけませんか。お願いします」

と挨拶して洋服を脱がそうとした時、予想もしなかった喚声、いえ勝ちどきと言った方が当っているかもしれません。しかも、かなり卑猥なニュアンスのそれです。女の子も男の子も、フレッド人形（男性成人人形）ではなく、お母さん人形と呼ばれているスージー人形で騒ぐのです。場所や年が変わっても同じ様な反応です。とてもイヤな表現ですが、少し昔の夜の温泉街のストリップ小屋や特別なフィルム大会はかくやと思いました。

はて、これは何だ。４、５歳児がアダルトビデオを見ているとは思えないけれど、この子たちの女性観はそれに酷似していないかと気付かされるのです。

１９７０年代に、ＶＴＲが家庭に備わって後、アダルトビデオは温泉街から家庭に入って来て、考えて見ればその消費は今はもう三代に及びつつあるのです。

私はここまで考えた時に、私は自分が大変な間違いを犯していたことに気づきました。私は、アダルトビデオは男性が見る、消費するのだから、そのために人間としてのセクシュアリティに歪をきたすのは男性だと思っていたのです。女はあまり、アダルトビデオを消費しません。しかし、アダルトビデオを長年消費し、人間の性をいささかでも誤解している男たちと共同生活を続ければ、その価値観は伝染する、増してや性的時間を共有すれば、かなり濃厚な感染を受けるはずだ。そうでなければ、やって行けないはずだと気付いたのです。つまり、日本の男がではなく、女がではなく、家庭そのもの、ひょっとすると社会全体がどっぷりと隙間もなく文字どおりアダルトビデオの性文化に漬かっているのがこの国なのではないか。私が思っていたより事態は深刻なのではないか、そうでなければたったの４、５歳児に、あれほど明らかなアダルトビデオの影が見えるはずがないと思うのです。

故山本直英氏の言った「日本は性教育の後進国で性産業の前進国だ」というのは、どうやら残念ですが当っています。

電話の仕事をしていますと、つくづくそれを実感させられます。アダルトビデオに勝つ、いえ、せめてアダルトビデオ並に子どもたちに浸透する力強い性教育を私たちは子どもたちのために創造しなければと考えます。それも、ぐずぐずしてはいられません。まさに焦眉の急というべき事態です。性教育は必要です。

第8章　児童福祉施設での性教育

——施設での性教育の取り組み実践報告

内藤　茂（児童養護施設 島添の丘　ケアワーカー）

はじめに

島添の丘は沖縄県本島南部の南城市大里にある、1984年創立の児童養護施設です。本体施設の定員は60名（おおむね2歳〜18歳までの男女）で、他に与那原町に地域小規模児童養護施設［定員6名］と自立援助ホーム［定員8名］があります。職員は施設長の下に、養護課に養護課長・家庭支援専門相談員（FSW）・個別担当・心理士［2名］・園内保育園担当［2名］・病院対応・ケアワーカー［20名］・管理宿直［2名］がおり、庶務課に庶務課長・経理担当・栄養士・調理員［4名］がいます。本体施設の児童の居室は4ホームに分かれていて、ひとつのホームに年齢の異なる男女15名の児童が生活しています。

私は静岡県出身で30歳の時にバックパックを背負ってオートバイに乗って東京から沖縄に来

ました。沖縄の歴史や文化や生活を見て回った後、しばらくして島添の丘で働かせてもらうことになり、現在ケアワーカー歴は約９年になります。ひとつのホームの専任職員になって４年になります。

１　委員会の立ち上げ

島添の丘には養護課の職員で構成される４つの委員会があり、それぞれ学習・スポーツ、リービングケア、地域・広報に分かれて、それぞれの活動を６名ほどの委員で行っています。その中のひとつに私が委員長をさせてもらっている権利擁護委員会というものがあり、この委員会は２００９年度からスタートしました。

新しい委員会を立ち上げた動機は、私自身が１９９７年度のＳＢＩ子ども希望財団の研修に参加させてもらい、そこでたくさんのことを知り学びそして刺激を受けたことがきっかけです（研修に参加させてもらった島添の職員はこれまで４名）。そこでの学びを振り返りながら、今現在ケアワーカーとして毎日子どもたちに接している中で、今の施設生活の中で課題となっていることを明確にし、積極的にそして実践的に取り組んでいこうと思ったからでした。

手探りの中での委員会の初年度の年間目標は「①子どもたちの権利意識の向上　②職員の施

設内虐待への認識を高める　③性教育学習」でした。子どもたちに能動的に施設生活を送ってもらいたいという気持ちが強かったと思います。子どもたちは施設の職員に言われたことの中でただ生活をするのではなく、子どもたち自身が考えて発言をして、子どもたちの想いの入った日々の生活を送ってほしいと思ったからでした。同時に職員へは子どもたちへの関わり方も改めて考えてほしいと思い、性教育についてはこれまで必要性を誰しもが認識していながらなかなか踏み込めなかったところに、園全体で取り組んでいきたいと思ったからでした。

性教育については〝人間と性〟教育研究協議会の中の全国児童養護施設サークルが毎年2回開催している性教育セミナー（2泊3日）に参加し、そこで得た知識や実践方法を園の子どもたちや職員に伝えていきたいと思い、具体的な活動を始めました。セミナーには２００６年度から11年度まで合計12名の島添の職員が参加させてもらっています。性教育については、園としては何年も前からその重要性を認識していましたが、どのように取り組んでいったらいいのか迷いがあり、園長からの「セミナーに参加したメンバーでチームを立ち上げてほしい」という思いから、それが委員会の活動に繋がっています。性教育セミナーに多くの職員（全ケアワーカーの半数以上）が参加していることは、園全体に性教育の素地が作られていたと思います。実践していく中で委員会以外の職員の理解と協力は不可欠であり、そのことが性教育の活動をすすめるにあたって、スムーズにいった大きな要因のひとつだと思います。またある児童が性的問題を持っていたことから、担当心理士が性についての具体的な指導計画を作成してくれました。すぐに実践に移せそうな内容でしたが、この内容を園全体でもできないかと思いました。そういったものが今の委員会の活動のメインになっている「性と生」のお話会につながっています。

2　準備期間　〜2009年度〜

スタート年度は「島添の丘でどういった取り組みができるか？」ということを模索していく準備期間になりました。性教育セミナーで実践方法を学んできてどう生かしていくかを考え、高校生の子どもたちとの談話する会（茶話会）を実験的に行ってみたり、また子どもたちが通っている各学校へ、どのような性教育を行っているかをリサーチすることを行いました。学校は小学校2校、中学校2校、高校7校、また以前子どもが通っていた沖縄高等支援学校にも協力をお願いしました。学校では主に養護教諭から話を聞き、現状を把握していきました。そこでは学校教員のみなさんが行っている性教育に関する実践例のデータを頂いたり、研修会の紹介や教材の貸与もして下さり、とても心強かったです。また保健所にも性教育について何か参考にできることはないか伺いました。保健所からは、性感染症についての専門家や地域を見ている保健師から話を伺うことができました。

またこの時期、園内で児童の携帯電話所持についての議論もすることができ、子どもたちも一緒になって考えていくことができました。次年度からは高校生がプリペイド式の携帯電話を所持するようになりました。またいじめに関するアンケートの活用も模索していきました。子どもたちの権利について職員と児童が共に考えていくスタートになったと思います。

性教育についてはこれまで園全体では取り組んではきませんでした。必要性は感じながらも、「何をやっていいのかわからない」「性教育はやるからには中途半端にはできない」といったような、知識不足と不安の大きさから「簡単には手を出せない」領域でした。また「性はとても個人的なプライベートなものだから、性教育も個別でやったほうがいい」という考えから、これまでは職員一人ひとりに任せきりになっていました。それを園全体で取り組んでいくというのはかなりのプレッシャーを感じながらの、委員会での話し合いでした。私たち性教育の素人が取り組みをやっていいものか悩んでいく中で、「でも実際やらないと始まらない」という方向性になり、「初めからうまくはいかない。とにかくやってみよう」という結論になりました。ただ「やるからにはしっかりしたものを」という気持ちのジレンマはついてまわり、普段の業務の中の限られた時間の中で気持ちを高めながら、何とか形にしようともがいていました。

3　「性と生」「権利について」のお話し会、１年目の取り組み　～２０１０年度～

全くの手探りの中で始めようとした「性と生」のお話会、内容は大阪府の児童養護施設「遙学園」の中井良次先生から紹介して頂いたプログラムを参考に、島添の丘に合ったものを作り、進めていきました。実際に学習会を行う前には委員会で何回も集まって以下のことを話し合いました。

①資料集め

ビデオ(DVD)教材、絵本などの借用。幼稚園や高校、視聴覚ライブラリーなどから借りる。絵本については読み語りボランティアさんに助言を頂く。また担当職員からの手紙(幼児グループ)、手作り教材(スゴロク、サークル図、男の子&女の子の等身大ボード、クイズ、ロールプレイシナリオなど)の作成を行う。

②子どもたちのグループ分けとスケジュール作り

3歳から18歳の66名の男女を8グループに分け、日程を子どもたちの予定に合わせながら決めていく。男女一緒に行うグループと男女別に行うグループの検討。各グループの委員会メンバーの担当決め。

③お話会の内容の作成

各グループの年間目標の決定、プログラムの作成、お話会の進め方など。内容については、グループの担当職員でしか実践できないのではなく、計画書と教材さえあればどの職員でも代わってお話会が進められることを基本に考えた。担当職員の主観はなるべく反映させず、客観的に見たプログラムを作ることに気を付けた。

④委員会以外の職員への内容の説明

性教育を園全体で行うことに対しての不安の解消のために、お話会の位置付けの確認をしたり、性教育セミナーでの資料配布をする。また計画書の完成形を作る前に仮のプログラムを作成し、養護課会議の中で養護課職員へ説明し内容を検討してもらう。その後再度委員会で検討して全体職員会議の場で庶務課の職員も含めて全職員へ説明を行う。職員への使用教材ビデオの視聴協力も行う。

⑤「性と生」お話会を始めることを子どもたちへ伝える

全児童を対象に園長先生からオリエンテーションをして頂く。第1回お話会の前に、「性と生」のお話会を行う意義の説明をしてもらうことで、子どもたちには性は「大切なこと」として受けとめられた。園長先生が委員会の活動を理解してくれ、そしてバックアップしてくれていることで、委員会の活動がスムーズに行え、また士気が高まった。

⑥お話会の記録について

報告書の作成。個人の反応についても触れるようにする。またお話会終了後の子どもたちへのアンケートを書いてもらい、次回以降の取り組みに反映させる。
⑦気になる子に対しての個別のフォローについて
学習会の事前、事後に担当職員に相談、引き継ぎを行う。
⑧年度途中から入園した子に対しての学習会
その子の特徴や成育歴を踏まえて、個別学習を取り入れてお話会について理解してもらった。

実際にお話会を始める前には色々と準備をすることが多く戸惑いもありましたが、「性と生」のお話会を年３回（6月・11月・３月）、「権利について」のお話会を年1回（12月）行うことを決め、そのスケジュールに合わせて準備していくことを委員会メンバーで確認して進めていきました。各お話会を終えた後は委員会で反省を行い、次回の学習会に向けてどのように取り組んでいったらいいのか話し合いを行いました。

お話会の時の子どもたちの反応は、各グループで年相応な素直なものが多くありました。小学生は学年が上がるにつれて恥ずかしさを出してきて、思春期真っ只中の中学生は興味がある性の話を科学的に取り上げることで、ふざけながら照れながらもしっかり参加してくれていました。高校生になると男女の存在をお互い認め合えるようになり、その上で疑問も出してくれています。どのグループもお話会は成り立たなくなることはなく順調にできていました。それは子どもたちも「知りたい」と思っていることであるから―と感じます。

「権利について」のお話会については、児童相談所から権利ノートを児童の人数分を頂き、改めて児童養護施設における入所児童の権利について、子どもたちに知ってもらうことができました。特に物心つく前に施設に来た児童は、説明を受けることがなく育ってきている子が多いため意味があったと思います。

また、児童が意見を自由に書いて入れることのできるポスト（通称「あのねポスト」）の整備（質問に対しての返事を掲示する、ポップな明るい印象にする、専用の用紙と鉛筆を置く等）を行うことで、権利や性のお話会の後はポストへの質問が大幅に増えました。

4　「性と生」「権利について」のお話し会、2年目の取り組み　～2011年度～

2年目の最初の大きな取り組みとして「権利ノート勉強会」を計画しました。1年目で子どもたち全員が権利ノートについての読み合わせや話し合いを行う会を設け、内容を伝えました。それを踏まえ、2年目は職員も改めて子どもたちの権利について勉強し、子どもたちと職員との権利についての考え方を比べ、施設生活が楽しく過ごせるような試みをしています。

内容としては、各職員の子どもたちへのケア方法を改めて確認してもらうことを、ほとんどの職員が揃う月に１回行われる職員会議の場で行いました。そこでは権利ノートの読み合わせと、それに合わせたアンケートの実施、委員会メンバーによる「施設での療育におけるテクニック」（SBI研修から）を、劇のように実際やってみせて職員への子どもたちへの関わり方の問題提起としました。また今回の子どもたちへの権利ノートのお話会では、養護課職員の全員にもグループの担当として入ってもらい、委員会メンバーと一緒に内容を考え、実際お話会に参加してもらうことができました。

子どもたちのお話会は14グループ（前回９グループ）に分け、その中で権利についての話と、権利ノートに合わせたアンケートを記入する形をとりました。職員と子たちのアンケートは各項目にまとめて、職員と子どもの考え方の違いについてどういった傾向があるのか、職員会議で報告をすることができました。そこでいくつかの問題提起があり、今後さらに権利についての議論が進んでいくことができたら良いと考えています。またお話会の後に、第三者委員の方に「子どもたちの相談日」を設けてもらい、話をしたい子は自由に相談できる環境を作ることができました。

「性と生」お話会について、２年目のプレシャーは１年目に感じたほどはなかったですが、お話会をより魅力的なものにしていくために、教材を工夫するなどしました。新生児人形を借用してきたり、女性の内性器のレントゲンマシーンを作ったり、ロールプレイをしたり、視聴覚教材の開拓などを行いました。

お話会を行うまでの準備『①委員会で大まかな日程の話し合い↓②各グループで担当が仮の計画書作り（教材作製や教材探しを含む）↓③委員会で各グループ担当が持ち寄った計画を検討↓④再度各グループ担当で手直し↓⑤養護課会議で委員会以外の職員も含めて検討してもらう↓⑥委員会で再検討↓⑦各グループ担当で手直し↓⑧全体職員会議で完成したものを配布と説明↓⑧お話会の実施↓⑨委員会で評価と反省』は、1年目から変更せずに行っているため、準備をする日程を確保するのが厳しくなっています。権利ノートお話会と合わせて年4回、上記のような作業を行うのは、実際委員会メンバーの負担が大きいのが実際です。この負担をいかに軽くしていき、なおかつお話会の内容の質を下げずにしていくかが今後の課題です。

7　まとめ

性教育という新しい試みを始めて2年になりますが、委員会のメンバーの中でも毎回「これでいいのか？」と悩みながら、考えながらの活動をしているのが現状です。今のところ子どもたちの否定的な反応は思ったよりも少なく、当初危惧していた性化行動も見られません。

今こうして実践を紹介できるのも、委員会メンバーの一人ひとりの熱い想いとちょっとした遊び心があったからだと思います。何か新しいことを始めるにはそれなりのエネルギーが必要ですが、メンバーの全員がそのエネルギーを持ち寄って大きな力になったと思います。初年度は副施設長も入っての7名、次年度も7名、今年度は6名のメンバーが知恵を出し合って、他の職員の協力も得ながらお話会を行うことができています。

また委員会のゆるやかな約束事として、「委員会が集まる日はメンバー全員が参加できる日にすること」としています。緊急のことが入る場合は仕方がないですが、基本的には全員が参加し、今やっている内容を理解して「みんなでやっている」という共有感を大切にしています。ローテーション勤務なので勤務の日に全員の日程を合わせるのはまず不可能ですが、忙しい中でも全員が快く揃ってくれることは委員会の誇りです。

これからの課題としては、1年目、2年目は委員会メンバーの熱意で突っ走ってきた感があり、これから先いかにこの活動を継続していけるかになると思います。また毎年新しい子どもたちや職員を迎える中で、これまでの取り組みを伝えて理解してもらい、できるだけ違和感なくお話会に参加してもらうことも課題です。

そしてこれから先、委員会メンバーが変わってもこの「性と生」のお話会が続いていけるように、現在の活動を積み重ねていって、それが「島添の丘における性教育の財産」となっていくことが大きな目標です。

第9章　子どもの実態とニーズに沿った学校性教育のすすめ
―なるほどこれならならできる

関口久志（京都教育大学）

はじめに―これまでに多かった性教育

まず、少し自分の学校性教育を振りかえってみましょう。読者の皆様の思い出はどのようなものでしょう。私には忘れられないことがあります。小学校5年生のとき、夏休みの臨海学校の直前に女子だけが暗幕のかかった理科室に集められ、スライドで月経の手当教育を受けていたのです。忘れられないというのは、そのとき「男子は外で遊んどけ」と先生から言われ、「何かある」と好奇心旺盛な私が、遊びの輪から離れ理科室の暗幕をそーっと開けてのぞいたとき、脱兎のごとく走ってきた先生に「こら関口！　ちゃんと外で遊んどけ！」ときつく叱られたからです。なにせそのときだけです、学校で「遊べ」と叱られたのは。だから鮮明なのです。でもこの女子だけ月経指導の光景、大学生に思い出をきくといまだに「先生、私も、僕も」と結構な数になり、過去の遺物となっていません。

私は他にも高校の保健の授業で生殖の分野になると「ここはきみらの方がよく知ってるからとばす」とパスされたこともあります。「先生も教えたくないほど、恥ずかしいんだ」と思いつつ、関心は強烈で友人同士で先輩やエロ本で得た情報を面白おかしく交換し合ったものでした。

これら私の経験のように日本の性教育の特徴は、おもに女子のみでの「月経（手当）教育」や女子の貞操をまもるための「純潔教育」が主で「女性対象」、男子は蚊帳の外となってきたことです。そのイメージも恥ずかしいとかいやらしい、あるいは興味本位で、ネガティブなものがほとんどでした。

いまも払拭できていない「性教育のこれまで」に多い型をおおまかに分類して整理しておきましょう。

①月経（手当）教育

「小学校高学年ぐらいの女子だけを対象に、月経（初経）への対処の仕方を教える」ものです。そこにはからだの成長変化をポジティブに捉えることや女性ホルモンの作用による体調の変化への対応、月経痛の緩和などのＱＯＬ（生活の質）を上げ、自分の性と生への肯定観を育む要素はほとんど抜け落ちていました。

暗い教室でスライドをみせられる女子だけの授業は、「何かこっそりと人にはいえず恥ずかしく、ほぼ毎月来る月経も男性と違ってやっかいでじゃまくさいこと」というネガティブなイメージにつながって、女性が自分の性への肯定観を低下させる一因にもなっていました。

②純潔教育

戦後性教育はこの「純潔教育」という名で始まっています。文部省(当時)は1947年の「純潔教育の実施について」(社会教育局長通達)、1949年「純潔教育基本要項」(純潔教育委員会)、1955年「純潔教育の進め方(試案)」(純潔教育分科審議会)と何度も使用しています。純潔とは、文字通り女性が婚前性交渉を避けることで、結婚志向から良妻賢母・専業主婦が「女の幸せ」と見られていた時代には、「結婚までは処女の方が価値も高く、よい結婚相手を獲得するための条件では有利である」という実益主義にも結びついて性行動の抑制という点では一定の有効性もありました。一方で男性の性行動への教育はほとんどなくダブルスタンダード〈二重規範〉となっていました。いまだに女性の性のみ主体性を認めずに抑圧するこの考えはかなり根強く残って、「いまの若者は、性的に奔放」などと嘆かれるときは、その原因を「女性の変化・乱れ」のせいにされることがよくあります。

③生徒指導型教育

性行動を非行と捉え、それにつながる恋愛など児童・生徒に必要ないとして禁止・排除する教育です。懐かしい言葉ですが「不純異性交遊」とか「桃色遊戯」のような「不良化」と性行動を結びつけた言葉が象徴的です。これらもいまだに「寝た子を起こすな」とか「性交や避妊を教えるとそれを煽る」などの「べからず性教育」として根強く残っています。夏休み前の指導として外部講師を呼んで「きつく性行動を禁止してください」と依頼することがあるのではないでしょうか。私はいまもそのような依頼がよくあります。恋愛に関しても校則に名残りとして「男女交際禁止」「校外での男女二人だけの交遊は許可制」などという条文が現存している中高校があります。

④トラブル強調教育

性行動のマイナス面ばかりを取り上げ、脅し的に「性はトラブルのもと」として恐怖ばかりを煽り、有効な科学的トラブル防止手段は意図して省く教育です。例としてあげると、予期せぬ妊娠の悲劇や中絶の罪、中絶の後遺症、性感染症のおぞましさだけを強調し、それらは「婚外の正しくない」セックスした罪であり、その報いであるとするような教育です。その目的は婚姻関係以外の性行動を戒めるためで「純潔主義」や「宗教的ドグマ・他律的道徳観」と結びついていました。みなさんも「中絶した後の水子のたたり」とか「ただれきった性病（性感染症）の写真」などで脅された性教育の経験があるではないでしょうか。

⑤一元的幸福モデル教育

「健康な男女が、結婚をして子どもを産み育て、一生添い遂げ、愛情に満ちた家庭を築く」という1つの典型的モデルのみを人生の目的とする教育です。本来は個別である恋愛・結婚・セックスという順の一体化をもたらしました。その単一モデルは、同性愛を排除する「異性愛家族主義」、恋愛に最高の価値を置く「恋愛至上主義」、セックスパートナーをお互い一人に限定したカップルのみを〝正当な関係〟とみなす「モノガミー（一夫一婦）規範」、職場や家庭で男性が主で女性が支えるという「ジェンダー役割分業」などと深く関連しています。結果的に同性愛や障がい者、未婚・離婚のシングル生活の選択、などの多様な性と多様な幸福観が排除されることになります。学習指導要領でみても1958年改訂で中学の「道徳」では「男女の相互敬愛は民主的社会において尊重されなければならない」とされ、98年、08年改訂でも「男女はお互いに異性についての正しい理解を深め、相手の人格を尊重する」されて続いています。

これまで言ってきた性教育を「ハードな縛り」とすると、こちらは圧倒的多数が当然視するような「ソフトな縛り」で、そのため気づきにくく、よけいに厄介といえるでしょう。

1　禁欲主義教育と包括的性教育

ここまで紹介した「性教育のこれまで」に多い型は、総じて禁欲主義教育に基づくものです。

禁欲主義教育とは「未婚の若者への性的行動の唯一の道徳的に正しい方法として、結婚まで禁欲」を教えることです。その内容は、避妊法や性感染症予防法や性の多様性についての情報を排除しています。アメリカにおいて、ブッシュ大統領が宗教的保守思考をバックボーンとして推し進めた性教育ですが、その影響は日本にも拡大し「性教育バッシング」として一部の政治家やメディア、文科省・教育委員会などを巻き込み小泉政権から安倍政権の時代に大々的に展開されました。いまは比較的沈静化していますが、影響は残り「自粛規制ムード」が教育現場をまだ覆っています。もともと性教育を積極的にやりたいと思う教員は少なく、「実施して批判や処分をされるなら正規の教科でもないんだからやらないでおこう」という学校が増えました。そしていったんなくした性教育の復活充実はかなりのエネルギーが必要なので、なかなか元には戻らない現実があります。

この「性教育バッシング」について少し触れておきましょう。その真の狙いは、旧教育基本法・憲法改悪の突破口として教育内容へ介入し管理統制を強め「戦争ができる国」をつくることでした。そのためにもっとも大規模なバッシングを受けたのが、戦前戦中と「国に役立たない非国民」扱いされもっとも迫害された障害児のための学校（東京・七生養護学校）[*1]だったというのは、それを象徴しているのではないでしょうか。戦前の悪法「治安維持法」も当初エログロナンセンスの取り締まりだったように、性への規制・介入は戦争への一里塚です。

私は性教育の目的を「すべての人に、人間としての尊厳にみあった生命尊重と豊かな生活基盤を整備し、そのうえで個々の多様な性的幸福追求権を、永続して保障すること」と捉えています。それは平和で人間的な生存権（憲法9条と25条）を基盤にした幸福追求権（憲法13条）の具体的実現といえます。

人間らしい生活のゆとりがあり、多様な選択肢のなかから各人が最善の決定が可能な状況でこそ幸福追求権が保障されるのです。そのために知識・技能・行動力・経済力・生き方の豊かさや社会制度（ジェンダーなど）の画一的縛りからの解放が必要です。多様な選択肢が保障されない場合は、当事者からみれば「あきらめ」であり、社会的にみれば「押しつけ」になります。

しかし、このような人権としての性教育を容認しては、それと真逆に国のためにその生活と生命を犠牲にする戦争などできないでしょう。だからこそ憲法改悪を視野に入れた「性教育バッシング」の時代は平和と人権も冬の時代だったのです。

ただ世界に目をやると禁欲主義教育に傾いた先進国はアメリカとそれに追随した日本くらいでした。他の先進国の多くはＷＨＯも推奨する「包括的性教育」を展開していきました。その特徴を列挙しておきます。

①適切な年齢に応じた

②医学的に明確な
③宗教を持ち込まない
④禁欲が妊娠や性感染症を防ぐ唯一の方法だと教えない
⑤性交を経験した若者を無視したり、禁欲の価値を強調したりしない
⑥避妊やＨＩＶとＡＩＤＳを含む性感染症の危険を避ける全ての方法をはじめ、健康に関する正否両面の知識や情報を提供する
⑦セクシュアリティについての家族のコミュニケーションを奨励する
⑧どうやって断るか若者に方法を教える
⑨酒やドラッグが行動の決定にいかに悪影響を及ぼすか教える

（大藤恵子「海外情報　海外レポート　07年世界のニュースから②」『季刊セクシュアリティ』34号、１６６頁より）

さてどちらが子どもたちの実態とニーズに合っていて、未来の性的幸福につながるかは、すぐわかりますね。これから実践を計画するうえで参考にしてください。

＊１　２００３年夏、当時の東京都立七生養護学校（日野市）において行われていた性教育に対して、

一部都議や都知事・教育長によって都議会で不適切と決めつけ、その後教育現場に一部都議が都教委を連れて介入し、現場教員などを大量処分した事件です。その後裁判となり、地裁でも高裁でも教育への不当介入として一部都議と都教委を違法とする判決がでています。

2　なぜ子どもたちの実態とニーズが大切なのか

性の授業やお話をするときときに当事者のニーズを掴んでいるということは、子どもたちと教員の相互満足の大前提になるものです。しかし、かくいう私も今でこそ当事者の声を最大限にいかす性の学習を心得ていますが、高校教員になりたてのころはマニュアル通りの授業で失敗したことが多くあります。気が付けば誰も聞いていなくて自己満足にもならないつまらない授業で、砂を噛むような思いをしたことがあります。

初任者時代のときです。「高校生らしく、清く正しいつきあいをしよう。性的欲求はスポーツで発散させせよう」と荒れた高校で教えていたのです。当然、誰ひとり真剣に聞いていませんでした。困りはてた新米教師を見かねて、ひとりの少女が手を挙げて「先生、なにが清く正しくやな。私、中2で中絶してるんやで。この教室にそんな子もっといるで」といったのです。そうです、私の授業は子どもたちのニーズと実態にまったく一致していなかったのです。

困り果てて、同じ学校で授業には定評のあるベテラン先生に訊いてみました。その先生は

「困ったことは僕もあるよ。そのときは子どもたちに聞くようにしてるんだ」と答えてくれました。この一言は、当時の私には目からうろこの発見でした。「当事者の声をきき、実態とニーズに学ぶ」という柔軟な姿勢こそが、教える側に「気づき」による変化をもたらし、子どもたちのための授業がつくれる。その授業が「実態とニーズ」に合致して、子どもたちが当事者として実際に役立つと感じてこそ、その授業への信頼を得られるということがわかったのです。

先に説明した「性教育バッシング」時代の禁欲主義教育などは、子どもたちの実態とニーズからはまったく相反するもので、教職員集団の管理と統制に利用されました。それによって「子どもたちの期待にそむくことで教員との信頼を分断する」、「子どもたちに実際的効果がないので教員も無力感脱力感に陥り意欲を失う」、「最終的に上からの命令に無気力にロボット化する教職員集団とならざるをえない」という悲しい結果をもたらしたのです。

3　生の主体者としての子ども期の性教育

「実態とニーズに見合った性教育」ということで具体的にみていきましょう。小学校低学年までは、自らを「いのちと豊かな生活」の主体者としてその尊厳を実感することがその後の性の自立につながります。それは大切にされてこそ自分を大切に思い、自他の人権に配慮できるからです。しかし現実には子どもが子どもとして大切にされていないのが日本の現状です。2010年6月の第3回「国連子どもの権利委員会の日本政府への最終所見（勧告、懸念）」でも過去2回と同様に「子どもの数が減少しているにもかかわらず、過度な競争への不満が増加し続けている」「高度に競争主義的な学校環境が、いじめ、精神障害、不登校・登校拒否、中退および自殺に寄与している」と書かれています。さらに新たに「驚くべき数の子どもが情緒的幸福度（充足感）の低さを訴えている」「（幸福か否かの）決定要因が子どもと親、および子どもと教師との間の関係の貧困さにある」と指摘しています。その子どもの権利を侵害する背景として、貧困問題をあげているのも新たな特徴で「（家庭の貧困は）経済政策および財政政策（例えば、民営化政策および労働規制緩和）が、給与カットや、男女間賃金格差、子どもの保育および教育に関する私費負担の増加をもたらし、親、特に母子家庭に影響を与える」と指摘しています（DCI・HPより引用改編）。

この関係性と経済の貧困ですが、本土と比べ経済基盤の脆弱な沖縄をみるとその影響がより顕著に出ています。

地元紙「沖縄タイムス」によると

「10代で子どもを産む、いわゆる若年出産の割合が、県内は全国に比べて毎年およそ2倍あります。赤ちゃんを育てることや自分で温かな家庭をつくることにあこがれて、あるいは中絶する時期を逃がして…。さまざまな理由で母親になりますが、10代の未婚の母親は46%（2002～03年県調査）にのぼり、半数近くがパートナーの協力を得られずに初めての子育てや社会生活に直面することになります。また、学びを断念したり安定収入が得られなかったり、若い母親を取り巻く環境は厳しく、子どもたちにも影を落としています」「大家族のイメージが強い沖縄ですが、母親と子ども、父親と子どものひとり親世帯が全世帯の3・45%あり、全国の1・7%の2倍に上っています（2005年国勢調査から）。実家や親族の援助がない親子も少なくありません。経済的理由で離婚し、借金を背負ってひとり親になることもあるのですが、母子世帯の25%、父子世帯の11%は月平均収入が10万円未満と厳しく、昼も夜も働く親もいます。親子を長期的に支える公的仕組みは乏しく、認可外保育園やNPOの支えで暮らしている親子がいます」

とその厳しさを指摘しています。（沖縄タイムス［オキナワ・子どもの今］特集、2010年1月～2月掲載より）

この厳しい状況は子どもの性的自立に悪影響を及ぼします。劣悪な養育環境は、子どもがさびしく孤立化するだけでなく、機能不全家族に育つことも多くなります。その場合子どもは危険な環境にあり、「親兄弟からの暴言暴力無視」によって、笑う泣く、さらに希望と拒否を伝えるなどのありのままの感情表現を封じられます。そうなると適切なケアがまったく不足してしまい、豊かな子ども期を喪失したまま、常に暴力の危険にさらされて、かろうじて生き延びることだけで精一杯になります。そのような子どもには自分を慈しみ自分を守る力が身に付きません。安全安心の居場所や関係のイメージがなければ、大きくなってから性の面も含め危険な場所や関係に甘んじてしまうことが多く、幸せな性的自立から排除されるのです。

その例を児童養護施設の子どもからみておきましょう。

「知的に遅れを持つカエデは、小学5年生の初潮が始まってすぐのころ、施設から帰省の際に母親から売春を強要されました。『訳が分からんかった。とにかく怖かった』『お母さんの言うこと聞かないと、殴られるし。カエデのこと嫌いになるとか、施設に会いに行かないとか言われた。でも我慢すれば、お菓子買ってくれたんだ』カエデは自分に何がふりかかったかもわからないまま、売春を強要されていました。『家に帰るの、嫌だった。でも、お母さんに会えないのも嫌だった。どうしていいのか、わからなかった。お母さんは、誰にも言うなって、言ってたし』『あのこと（売春）は嫌だった。でもそうするしかなかった。お母さんに嫌われたくなかったの』」

（季刊『セクシュアリティ』48号「子どもと性―児童養護施設からのメッセージ特集」58頁より）

4　すべての子どもたちが自分の大切さに気づく授業

厳しい社会環境ですが、小学校低学年まで、自らを「いのちと豊かな生活」の主体者としてその尊厳を実感するために、いのちの大切さをすべての子どもたちに理解してもらう必要があります。

この「すべての子どもたち」ということが授業では大事になります。例外をつくってはいけないのです。わかりやすく私の失敗授業を紹介しましょう。

もう20年以上前です。当時流行っていた性教育の授業方法で「親から自分の出産体験を聞いてくる」という課題を出しました。この授業は自らのいのちの大切さを気づく狙いで「母親が自分を苦労して産んでくれた。それをこころから喜んでくれた。それを親子で泣きながら話し合えた」などと多くの母親にも大好評をえていました。しかし、一人の母親から「私の子どもはもらい子で、この話はできません。それに他にも父子家庭もあるかもしれません。関口先生、できたらこの課題はやめてもらえませんか」という手紙をもらったのです。

私は冷水を浴びたようになり、「しまった」と後悔をしました。大多数の好評の陰に少数者の存在を忘れていたのです。これでは「すべての子どもたちに」ということにはなりません。その後は手紙をもらった母親に丁寧に謝罪し、その授業は一切やりませんでした。

ではその代りに今はどのような授業を小学校の先生になりたい学生たちにいま教えているか

というと、「いのちのリレーランナー」という授業方法を一例として示しています。

その授業は、まずクラス全員に輪になってもらって「よーいドン」でバトンを手渡しリレーしてもらい、ストップウォッチで一周のタイムを計ります。それを大きく板書しておきます。

つぎにバトンの代わりに生卵をリレーしてもらいタイムをはかります。そのときに「自分の好きな卵料理を次の相手に伝える」などのコミュニケーションも用意しておきます。

そのタイムを同じように板書します。だいたい3倍から4倍の時間がかかります。

以下次のようなやり取りです。

教員「大きく時間が違うけどなぜ？」
児童「バトンと卵の違いだよ」
教員「どんなふうに違うの」
児童「卵はバトンと違って落ちたら壊れる、それにすきな料理のお話もできる。卵なら速くするより大事に扱ってリレーすることになるよ」
教員「そうだよね。卵はひよこにもなる〝いのち〟そのものなんだよね。だけどいのちは壊れやすいから大事に扱う必要があるんだよね。卵リレーをしたけど、みんなもそんな大切ないのちのリレーランナーとして引き継いだいのちを今生きているんだよ」

この後にいのちの学習として、地球上に生まれたいのち38億年の生命進化のリレーを教えるのもいいでしょう。そして38億年の進化を単細胞時代の受精卵から魚類の時代などを胎内で経てみんなが人間として生まれてくること。胎内でもいのちの主体者として妊娠15週目くらいから羊水を飲んでろ過して排尿しきれいにして環境を整えたり、妊娠4～5カ月になると、自分の指をしゃぶるようになり、誕生後におっぱいを飲む時のための練習をしたりしていること。「産まれるよ」というサイン（ホルモンのプロラクチン）も胎児から出すこと。出産時も自ら頭から産道を拡げからだをねじって母親と協働作業で産まれてきたこと。でも人が手助けして産道を通らず、直接体外へ取り出す（帝王切開）もあること。などをいのちの科学・強さとして話すことも有効です。

さらに必ず付け加えてほしいのは、人間の赤ちゃんが生理的早産で生まれ、そのまま自分だけでは生きていく力のないことです。それはいま生きている子どもたちみんなが、誰かにケアされて、いのちがあるということを意味します。また社会集団で赤ちゃんをケアすることで人類は地球上で70億人を超えるまで繁栄してきたともいえます。だからみんな誰もが子どもとして「大切にされる権利」を生まれながらにもっていることを強調してほしいのです。そして「いま大切にされてなかったり、生きづらいことがあったりしたら、それは先生や信頼できるおとなに必ずいうんだよ」と言ってあげてください。

どうでしょうか、これなら「すべての子どもたち」ということになりますね。あくまで一例としてその考え方を参考にして自分なりに工夫をしてみてください。その後にもこの授業は「有精卵」と「無精卵」の違いで交尾・性交のもつ意味につなげることもできます。

5　性の主体者となる思春期以降　男子の性

小学校高学年から思春期青年期にかけては、子どもたち自らが性の主体者として、より幸せな性的自立につながる性教育が必要になります。

義務教育である中学3年生（15歳）までに国民が学ぶべきと思う性に関する事柄をみると（図参考）、どの事柄もかなり知っておくべきコンセンサスが高いことがわかります。むしろ、教育行政や教育現場の方がこの国民の実態とニーズに遅れていると言ってもいいでしょう。ではこの時期どのような性教育が必要かを男子の性からみていきましょう。

男子の性教育については、前述のように多くが蚊帳の外に放置されたままです。そのため「無知がもたらす悲劇」として「夢精をおねしょと勘違いする」、「性器の短小や包茎を恥じる」「自

性に関する以下の事柄について、15歳までに知るべきと思う割合（％）

（北村邦夫：「男女の生活と意識に関する調査」2002、2004、2006、2008、2010）

	2010年	2008年	2006年	2004年	2002年
男女の心と身体の違い	92.6	93.7	92.7	88.7	90.3
二次性徴、月経、射精などの仕組み	93.0	95.0	94.1	89.6	90.8
受精、妊娠、出産、誕生のしくみ	89.8	91.9	90.6	84.9	86.7
セックス（性交渉）	73.4	74.9	73.2	65.7	0.0
避妊法	76.3	77.2	76.5	70.1	75.0
人工妊娠中絶	65.1	68.0	66.9	61.4	66.8
エイズとその予防	77.1	77.0	78.1	71.8	75.1
エイズ以外の性感染症とその予防	74.2	74.7	73.5	68.8	72.3
コンドームの使い方	67.2	68.5	68.7	61.8	62.8
多様な性のあり方	59.4	57.5	55.7	50.8	50.6
性的被害の対処法	66.2	67.7	66.1	60.4	61.0
男女間の平等や助け合い	80.4	80.0	81.5	75.4	73.1
結婚	59.5	58.6	57.5	46.6	49.9
離婚	56.1	53.7	52.7	41.7	45.7
人と人とのコミュニケーション	86.4	85.9	84.7	80.2	76.0
性に関する倫理や道徳	76.8	78.1	76.2	72.1	70.9

慰の仕方や回数で悩む」などの初歩的トラブルが生じやすくなります。

そのために、小学生中学年くらいで予め射精についての知識をつけること、性器の大きさはほとんどは個人差でなんら異常がないこと、包茎も包皮を反転させて亀頭を露出させるトレーニングを行えばほとんど手術の必要がないこと、また自慰の回数は何ら悪影響がないことなどを、できれば同性の父親や先生から教えておいてほしいものです。これは月経教育を父親や男性教員から教えてもらう障壁を考えればわかりやすいでしょう。

学校家庭の性教育から放置された結果として男子の場合、性については学習するというより、友人やメディアから覚えるしかない状況になります。そのため男性本位に作られた性情報によってその性意識がかたちづくられていきます。それは射精という快感を伴う経験も合わせて、積極的自己中心的な性行動に陥りやすい危険性があるのです。

ただ現代の格差貧困の二極化社会でみられるのは、性と生の面でも課題の二極化です。性で起きる問題も科学的な知識がないままに性行動を早期に活発化する現象と、人間関係の貧困化などから性行動はおろか、人とまともに交流できず、性的な自立から排除され逃避していく現象と、二極になります。排除・逃避はより男子に多くみられます。二極とも性教育の大きな課題です。しかし性からの排除・逃避の現象は、予期せぬ妊娠・性感染症・DVなどのトラブルには結びつかないので、メディアでも学校教育でも無視されがちです。いま流行語ともなった恋愛や性にガツガツしない「草食系男子」のなかには「恋愛や性へのあきらめ逃避」派が何割か潜んでいるのです。

人間関係の空疎化がすすむ現代においてこの二極化の原因は、自己や他者さらに社会への信頼感の欠如という同じ根をもっています。ですからこれからの性教育では、「性の活発化・無防備化」だけでなく、もう一方の「性的存在であることからの排除・逃避」にも積極的に取り組む必要があるのでしょう。

6　女子の性行動の活発化とその原因

近年の性交経験率をみると、早期化が顕著ですが、とくに女性において高校生は男性を抜き、大学生でもほぼ男性に追いついています。女性をみると「性的関心」は低いのに性的経験は増えているのです。『若者の性白書』（小学館、２００６年）によると、全体にキスを性的関心より早く経験した率が、とくに女性において増えています。また各種データから初デートからセックスに要した期間が年々短くなってきたこともわかっています。つまり性行為も恋愛して付き合うことに絶対に必要不可避なものとして、組み込まれてきている結果ともいえるのです。それは決して「だれかれなしに」ではなく「付き合う相手のみとのセックス」という純愛志向の結果です。性的場面ではいまだに男性にイニシアティブが握られている状況と併せて、とくに女性の場合、性的関心からセックスするというより「愛していて付き合えばセックスを受け入れなくちゃ彼に悪い。嫌われたら困る」という考えから性行為に導かれている可能性が高いのです。

当然このようなセックスに女性の主体性が入る余地は少なくなります。現実には女性しか妊娠はしませんし、性感染症も女性の方が感染部である粘膜の面積が広く、感染源である精液がたまる構造になっているため感染しやすく、また腹腔内に続いているために重い症状になりやすいにもかかわらずです。この女性の主体性のなさは性暴力も含め重大なトラブルにつながりやすくなります。

これらの原因の1つには性情報源の違いあります。男女とも「友人から」が多いですが、女子が次に知識を得ることが多いのは「コミックス／雑誌」です。それにくらべ男性のそれは「ポルノ雑誌／アダルトビデオ（DVD）」となっています（『若者の性白書』小学館、159頁より）。この違いによって、男性は付き合いの表現を性器・性交のみと思いこみ、自己中心的な性行動を当然として迫り、女性はモテたい恋愛したいという気持ちを煽られて、相手である男性からの直接的なセックスの要求を受け入れなければと思うのです。

男女互いに性情報が違い思いも違うわけですが、結果的にはセックスにすぐ結びつくということになります。しかも、そのどちらの情報にも自他の意志や健康を尊重し、信頼できる安全な関係性を、ゆっくりと時間をかけて築いていくという大事なメッセージが抜け落ちているのです。

そうみると、恋愛とポルノ、その両情報へのリテラシー教育がいま不可欠なっていることがわかりますが、どちらも不足しているのがこれまでの日本の性教育でしょう。

7　恋愛教育のすすめ　―実態とニーズから

思春期からの子どもたちが教えてほしい性教育の事柄をみると、中高生から大学生まで「恋愛」がトップレベルで、「男女の心の違い」と並んでいます。（『若者の性白書』小学館、p２１３より）

このニーズからわかることは、子どもたちは人間関係を学ぶことを望んでいるということです。からだの変化など生理的分野や避妊や性感染症の予防の知識は必要です。しかし、どのようなセックスをするか・しないかを選択し決定するのは、実は双方の関係性によることが多いわけですから、それだけでは不十分です。そのために性を人間関係の大事な部分として捉え、「恋愛と性」を性教育では必ず導入するべきです。

例として私は次のようなメッセージを込めて関係性の改善のための性教育をしています。

＊恋愛カップル至上主義（恋愛に最も高い価値を置く考え）を乗り越えるために「恋愛はしなくてもいい、独りでも価値ある存在である。恋愛は多くある人間関係の１つにすぎない。むしろつねに恋愛してカップルでありたいという人の方が、依存や支配に陥りやすくトラブルにつながる可能性も高い」。

＊付き合ったらすぐセックスという恋愛・ポルノ情報を乗り越えるために、「恋愛しても必ずしもセックスは必要ではない。会話やソフトなタッチングでも十分満足ができるのが人間関係

の多様で奥深い喜びである。むしろすぐにセックスを強要するのはポルノ文化の影響で、会話やふれあいによる豊かなつきあいの手抜きとも言える」。

＊不平等で無防備なセックス観を乗り越えるために「セックスするなら例え結婚しても、十分な会話からの合意による、安心と安全な行動の選択がいる。避妊・性感染症の予防に協力しないセックスやイヤがる相手に無理強いするセックスは暴力・虐待である」。

＊もちろんこの恋愛情報の中に同性を愛する人や性愛に関心のない人など、多様な人がいることも入れておくべきことはいうまでもありません。

これらの恋愛と性のメッセージをわかりやすく式にすると

〈人間的つきあい≠異性恋愛≠セックス≠性器性交≠射精目的≠唯一の快感〉

ということになります。より広く深く多様に性と生を捉えられるのではないでしょうか。

さてこの章を最後まで読まれてどうだったたしょうか。「これならやれる」と思っていただけたでしょうか。この拙い論考があなたの背中を押し、性教育への一歩を踏み出されることにつながれば嬉しく幸せに思います。

第10章　性教育の考え方・すすめ方
——世界の動向と日本の現実

浅井春夫（立教大学）

1　時代の変化と求められる性教育

〝人間と性〟教育研究協議会（略称：性教協）の30年の歩みのなかで、創立時前の性教育への社会的関心は、その必要性を語れば〝寝た子を起こすな〟論がすぐに声だかに叫ばれ、地方によっては性教育の研究会を〝助平サークル〟と揶揄するような地域と教育現場の雰囲気さえありました。

性教育をめぐる実際の教育現場や保護者、国民の反応や願いについて大きく分類すれば、そのひとつはいわば「積極的反対論」の立場で、性教育という実践課題を避けるために「まずは学習指導・生活指導を優先すべき」「避妊を教えることでセックスを安心してするようになる」などの意見を言ったりする人たちです。

もうひとつは「消極的無関心」といえる立場で「性は自然に学んで成長するもの」で、学校や家庭で教える必要はないという意見が出されたりします。

さらに「消極的関心」といった立場で、性教育の必要性は感じているのですが、実際に取り組むことにはなかなか足を踏み出せないでいる人たちです。これらの意見の特徴は、子どもたちと社会の現実を直視し把握していないことにあります。

こうした意見や立場が依然として少なくない現実のなかでも、「積極的関心」層が広がっていることに確信を持ちたいものです。親世代を含むおとなの性教育の社会的ニーズについて、『第2回　男女の生活と意識に関する調査』（2005年3月、調査対象：16歳〜49歳の男女、有効回答数1580人）を紹介してみましょう。

性教育のテーマに関して「それぞれについて一般的には何歳くらいの時に知るべきだと思うか」という設問に対する回答を紹介してみましょう。

「二次性徴、月経、射精などの身体のしくみ」を知る時期をみると、「10歳〜12歳」（62・0％）には知るべきという回答になっています。「男女の心と身体の違い」（46・3％）、「受精、妊娠、出産、誕生のしくみ」（44・7％）も約半数が「10歳〜12歳」で知るべきであると回答しています。

「13歳〜15歳」で知るべきと考えている課題としては、「避妊法」（49・1％）、「エイズとその予防」（47・8％）、「コンドームの使い方」（46・5％）、人工妊娠中絶（45・6％）などの性行動に関わるテーマがあげられています。

「セックス（性交渉）」について、「13歳～15歳」（40・1％）、「10歳～12歳」（23・6％）、「16歳～18歳」（14・1％）で知るべきと回答しています。

〝求められる性教育〟に関して、大きく分類していえば、自らと異性の身体的機能・生理・しくみなどは小学校段階で、性の人間関係と性行動のあり方に関しては中学校に期待がかけられています。高校では社会的な制度や性の価値観に関する内容に踏み込んで語られることが期待されています。こうした性教育に関する国民的な期待が確実に広がっていることに教育現場や子どもと関わる専門職は応えているといえるでしょうか。

性教育をすすめていく際にまず私たちに問われていることは、子どもの性意識・性行動の実際と家族生活の実状、そして子どもをポルノ情報にさらしている社会の事実・現実・真実にしっかりと着目することであり、子どもを大切にする決意と勇気なのです。

2　性教育の基本的視点と発展させてきた3つの視点

性教育の基本的視点

私ども性教協は性教育の基本的視点として、科学と人権、自立と共生の4つの柱にそって理論と実践を創り発展させてきました。

「科学としての性教育」は、結婚まではセックスしないことのみを正しい生き方とする価値観だけを押しつけ、他は何も教えない道徳主義的教育や純潔強制教育などに対して、性教育実践の基本スタンスを表明したものですが、科学的であることの中身は医学や生理学、教育学、公衆衛生学などの諸科学に依拠してきました。〝科学的である〟ということは、事実に徹底的に依拠して実践をすすめていくという姿勢そのものです。研究的な姿勢なしには性教育に踏み出し発展させていくことはできないのです。その意味では性教育は専門職・おとながまず勉強し続けることで創っていく実践であるといえます。

「人権保障にねざす性教育」は、女性・子ども・障がい児者・セクシャル・マイノリティの現実を通しながら人権保障の実態を照射してきたのですが、同時に私たちの日常生活のなかの権利侵害をどのように捉えて、人権の尊重をいかに具体化するのかが問われているのです。つまり私たちの暮らしのなかにある人権問題―デートＤＶ、ことばによる両性の平等の侵害、セクシュアル・ハラスメント、性的虐待など―を通して、人権感覚をいかにはぐくむかが課題となっています。自分と他者の大切さ＝個人の尊重（憲法13条）をつなげて理解する学びが人権保障をめざす性教育には問われているのです。

「自立をはぐくむ性教育」は、「いつ、どこで、どのような性行動を行うのか」といった自己決定をできるちからの形成をめざした内容です。さらにこの性的自己決定能力は、①基本的な知識の獲得、②具体的な対応方法としてのスキル、③性のさまざまな場面でどのような態度をとれるか、④自らの判断でどう行動するか、⑤何を大切なものとして考えるかという価値観によって構成されており、性教育実践はこの5つの柱に即しながら深めていく必要があります。

「共生をめざす性教育」は、性の人間関係教育としての意味を持っており、「暴力の文化」の広がりのなかで共生の理論的な理解とともに感性のレベルで共生感覚をどのようにはぐくんでいくのかが問われています。その点では共生の課題は学びつつ具体的な共生の関係づくりを実践のなかに位置づけていく必要があるのではないでしょうか。

発展させてきた3つの視点

これまで〝人間と性〟教育研究協議会（性教協）は、この科学・人権・自立・共生の4つの柱に基づいて実践と研究に取り組んできました。これまでの理論的成果を踏まえて、「3つの発展的視点」をつけ加えておきたいと思います。

ひとつは「性の健康」保障です。「健全な心身（wellness）と幸福（well-being）の達成や持続可能な開発の実現における中心的課題」として位置づけられ、個人やコミュニティが健康であれば、個人と社会の貧困撲滅および性の平等に対してより貢献することができます。個人的・社会的責任と平等な社会的交流をはぐくみつつ、「性の健康」を推進することが、生活の質の向上と平和の実現に繋がっていくのです（第17回世界性科学会会議、モントリオール宣言、２００５年）。とりわけ性の健康の視点で、性教育の必要性を問うことは社会的な合意形成を得やすいし、子ども・青年たちの現実に対する優先すべき課題になっているといえます。

ふたつめの視点として「セクシュアル・ライツ（性的権利）の保障」に関して人権保障をめざした性教育の発展系として明示していくことが重要です。第14回世界性科学学会（のちに「性の健康世界学会」と名称変更）では、１９９９年に「性の権利宣言」が採択されており、その項目のみをあげれば、「1．性的自由の権利、2．性的身体の自律、完全性、安全の権利、3．性的プライバシーの権利、4．性的平等の権利、5．性の喜びの権利、6．情緒的性的表現の権利、7．自由な性的関係をつくる権利、8．生殖の選択の権利、9．科学的な性情報を得る権利、10．セクシュアリティ教育を受ける権利、11．性的健康に関するケアを受ける権利」となっています。人権を性の権利として明示し、具体的な保障課題としていくことが求められています。子ども、障がい児者、マイノリティ、高齢者、病者などにおいて性的人権はどこまで現実のものになっているのでしょうか。

みっつめとして、ちがいの強調ではなく、人間としての同一性・共通項に着目しその点を再発見し確認することが重要な視点であるといえます。共生をはぐくむための視点に関していいえば、男女間のちがいを強調することから、人間間・男女間のちがいはきわめて少なく、共通項のほうが圧倒的に多いことへの着目と科学的な理解が重要になっているのです。同じように障がいのあるなし、性的指向のちがいなども人間としての同一性・共通項を土台にして語っていくことを大事にしたいものです。

3　これからの性教育の方向性

性教育の方向性（めざすべき課題＝時代と子どものニーズに応える方向）の第1に、「性の自己受容・自己実現」があります。性教育を通して自らの性的アイデンティティ（自分らしさ）を受け容れ、またそれに基づいて自らが楽しく生きていける力をはぐくんでいく方向性です。

第2に、「性の健康・楽しさの保障」の方向性です。そのためには、からだ・性器の科学的理解が必要であり、具体的なテーマとしては二次性徴、マスターベーション、出産のしくみ、性感染症、ＨＩＶ・エイズなどがあげられます。性の健康をどう守っていくのかは、人間が生きていくうえで必要最低限の自立能力であり、人間の発達にとって不可欠の要素として位置づけられる必要があります。また「性の楽しさとは、自体愛を含め、身体的、心理的、知的、そしてスピリチュアル（精神的）な自己実現の源である」（「性の権利（セクシュアル・ライツ）宣言」）のです。性の健康と楽しさは、表裏一体の関係にあり、健康が十全に保障されていなければ、性の喜びは具体的なものにならないことも明らかです。自らと相手の性の健康を守れることが前提にあってこそ、性の楽しさが共有できることを確認しておくことが必要です。

第3として、「性行動の自己決定・自立」の方向性があります。社会的な性の諸問題への対応能力の形成の課題（社会的自立と主体形成の課題）であり、具体的なテーマとしては、避妊・中絶、「援助交際」・性の商品化、メディアリテラシー、買売春、セクシュアル・ハラスメントなどがあげられます。性の自己決定には、まず前提条件として自己決定の権利の保障が必要であり、セクシュアリティと性教育に関する制度的な保障も検討課題といえます。

また性的自立は、性行動における選択的な場面で、必要な判断と行動がとれることを意味しています。いつ、どこで、どのような性行動をとるのかについて、自らの判断基準を持っているということが問われます。他者や自分自身をも大切にできる賢明な性的自己決定ができることが性的自立の骨格といっていいでしょう。

第4に、「性の平和・共生」の方向性があげられます。性をめぐって「暴力の文化」が浸透している現実があります。ドメスティック・バイオレンス、性的虐待、買売春、ポルノ情報の氾濫なども「暴力の文化」のもとに発現している問題であるといえます。こうした性文化の状況に対して、性の平和の文化を形成していくことが課題となっているのです。性の共生は、まさに人間関係の質が問われている課題であり、現実の性文化のもとで、どのような性的共生関係をはぐくむことができるのか、暴力の性文化に対峙した共生文化、平和文化を創り出すことが課題となっています。

具体的なテーマとしては、恋愛、避妊、家族関係のあり方などもこうした観点から把握してみることができるし、性的人権の尊重・保障のあり方の学習(性の多様性の理解と共感、個人差の尊重)、多様なセクシュアリティ、多様な家族の理解、性的虐待の防止などが課題となります。避妊もしないセックスなどは、女性への非直接攻撃型（すぐには目に見えにくい）の性暴力であると捉えることができるのではないでしょうか。

4　性教育をめぐる時代の変化

性教育をめぐって時代は大きく変わろうとしています。

その変化の第1にあげておきたいのは、多くの調査や報告が〝性について無知であればあるほど問題行動が起こりやすい〟という認識を踏まえて、性教育への積極的評価と推進の必要性が広まっていることです。正面から性教育の必要性を否定する論拠は示されなくなってきました。しかし本音では性教育への否定的な心情が隠されていることも少なくありません。

第2に、性教育バッシングが繰り返されていた時期（1992年からの20年間）から、政権交代後の「子ども・子育てビジョン」（2010年1月29日）の「施策の具体的内容」では「性に関する科学的な知識の普及と発達段階に応じた適切な教育」の普及を図ることが明示されています。政府自体がこれまでの性教育政策を大きく方向転換する文書でもあり、それを実行に移すことが問われているのです。

第3に、国際的な動向の大きな変化として、『性教育国際ガイドライン』（International Technical Guidance on Sexuality Education）が2009年12月に、国連合同エイズ計画（UNAIDS）、国連人口基金（UNFPA）、国連児童基金（UNICEF）、世界保健機関（WHO）による集団的検討を通して報告書としてまとめられました。全体はA4判で100頁を超えるものであり、今後の世界的な性教育の前進の大きな糧となる基本文書です。アメリカの性情報・教育評議会の『Guidelines for Comprehensive Sexuality Education―包括的性教育のガイドライン―』（第3版）が大きな影響を与えたものですが、子どもの性的発達の現実をしっかりと踏まえて、世界各国で必要な性教育にチャレンジしていくことが示されているという点で画期的な内容となっています。わが国の性教育もこうした国際的な成果に学びながら、創造的に実践を発展させていくことが必要になっているのです。

しかしわが国における性教育をめぐる政策の内実をみれば依然として貧困な実態にありま

す。また性に関する情報はポルノ情報が多くの割合を占めているのが実際です。さらに性教育実践者がまだきわめて少ないことも今後の私たちの課題として受け止める必要があります。勇気をもって希望の実践である性教育に多くの方々が取り組んでいただきたいと願っています。

5　性教育のこれからを考える

性教育のこれからを考える際にまず問われるのは①目的論です。ＳＩＥＣＵＳ（アメリカ性情報・教育評議会）は『包括的性教育のガイドライン』（第３版、２００４年）になかで、「性的に健康なおとな」像を示しています。「自己のからだに感謝する」から「自己の性的指向を肯定し、他者の性的指向も肯定する」「人生を豊かにする性行動と、自己や他者に有害な性行動を区別することができる」……「性に関して、他の人を教育することができる」までの37事項が列挙されています。

あらためて性教育の目的論について性的に自立し健康な人間像をどのように描くのかを検討することが課題となっています。

つぎに②実践の方法論の改革という課題があげられます。たとえばオランダの小学校の性教育では、「車座になって行うサークル対話の形式」は、タテ社会（一方的対面式教育関係）

をヨコ社会に変え、共生を実践的に学ぶ上で有益であることが報告されています（リヒテルズ直子『オランダの共生教育』平凡社、２０１０年、44～49頁）。子どもの主体的な参加をいかにはぐくむかを方法論レベルで検討していく課題があります。

③運営システム論に関して、学校性教育を中心として性教育プロジェクトを設けて、教師・保護者・教育委員会・地域住民、さらに子どもが参加することを基本スタイルとすべきではないでしょうか。そうしたプロジェクトを活かして、地域のなかで社会教育としての性教育を発展させていくことも展望したいものです。

④性教育のカリキュラムは、たとえば現在のように『学習指導要領』（小学校五学年、理科）で「受精に至る過程はこれを扱わない」ということを一方的に決めるのではなく、国・自治体・学校のレベルで、カリキュラムづくりをすすめていくべきではないでしょうか。その際、検討メンバーは公正で中立的な選出のあり方を前提に、現場実践者、性教育・セクシュアリティ研究者、子どもの性の相談に関わる専門家などが率直に話し合う場を設けることが求められています。

⑤性教育実践の評価システムと方法もかなり困難な課題ですが、教育実践を評価するシステム開発にチャレンジしていく必要があります。子どもの評価を踏まえて、教師・保護者とともに教育委員会も含めて検討されるべきではないでしょうか。

6　今後の課題への問題提起

今後の課題について、少しふれておきますと、まず年齢を軸に考えるべき課題として、幼児の性、成人教育の一環としての性教育、高齢者の性などをあげておきます。性教育はわが国においても学校性教育が中心となっており、〝ゆりかごから墓場まで〟を視野においた性教育が求められているのです。保育園・幼稚園での実践、勤労青年を対象にした性教育、リタイヤ後の新たな人生設計と関係性の創造のための性の学びなどを考えていきたいものです。

つぎに課題・テーマ別では、これまでのテーマをめぐるメッセージの再検討が必要ではないでしょうか。たとえば、特定のパートナーとの関係は安全という点も、本当に「特定の人とのセックスは安全か？」を事実によって論議すべきです。わが国は買売春に対して許容的な社会となっていますが、どのようになくしていくのかの論議も事実・現実に即して論議すべきです。性暴力と買売春・ポルノ情報の実際をどのように伝えるのかも重要な課題となっています。

もうひとつ付け加えておきますと、「いのちの教育」に関して抽象度の高い道徳的な話ではなく、具体的にどう語るのかも再検討が必要です。私はいのちをめぐるテーマを徹底したからだ学習として再構成していくことが必要ではないかと考えています。

これらの点を踏まえて、以下の諸点を今後の課題として問題提起しておきます。

第1は、性教育の義務教育化を検討課題のひとつに据えて論議すべきではないかという点です。イギリス、フィンランド、オランダなどをはじめとして、義務教育化は世界の大きな流れとなっています。わが国も本気で性教育をすすめることを視野に義務教育化を検討すべきであると考えます。

第2として、モデル的なテキストの作成、たとえば『にんげん―受精から死まで―』（小学生版）などというテキストの作成も私たちの課題として位置づけたいものです。学校教育において性教育の時間を確保することも重要な課題となっています。

第3として、性的発達論の整理も重要な課題です。まだ私たちは子どもの性的発達のプロセスと質的転換のダイナミズムを把握しているとはいえません。先に紹介したSIECUSの『包括的性教育ガイドライン』や『国際性教育ガイドライン』（2009年）においても「人間の発達」「性的発達」をキーコンセプトにして、年齢別の発達段階を整理しています。性教育をすすめるうえで、土台ともいえる理論的な整理という課題が私たちの前にあるといえます。

第4として、性教育実践体系の確立も大きな課題であることは間違いありません。家庭と学校の協力関係、子どもへの集団的な実践とともに個別的な実践の組み合わせなどとともに、性教育のカリキュラムを整理しておくことも私たちがチャレンジすべき課題です。

さいごに、教材・教具の開発をあげておきます。性教育実践を豊かにする教材・教具の開発は独自に追究すべき課題があります。そのためには開発をすすめるための助成を国・自治体・企業が行う必要があるといえます。

世界の性教育の基本方向は、①子どもの性的発達とリアルな実態に即して、②社会の性的環境の実際を踏まえて、③子どもの性的自己決定能力をはぐくむための取り組みとして、④研究的実践と実践的研究を通して、自由闊達な実践を創造していくこと、そのために⑤行政は現場の実践がやりやすいようにバックアップしていくという役割を果たし、さらに⑥性教育の内容を検証し創造していくことに、教師だけでなく保護者や子ども自身も参加していくシステムを大事にしていることなどをあげることができます。

世界の流れは子どもを大切にするために性教育を本格的にすすめる時代になっていることに自信を持って、それぞれの持ち場で性教育の使命を真摯に追究していきたいものです。

資料　性教育の本・紹介

田部こころ（立教大学大学院　コミュニティ福祉研究科　博士課程前期2年）

【性教育の全般がわかる本】

1. 村瀬幸浩編『33の授業展開例で示す小学校性教育の全貌』東山書房　2003
村瀬幸浩編『33の授業展開例で示す小学校性教育の全貌（資料編）』東山書房　2006
性教育の授業実践の事例を学びながら、小学校で扱う主要なテーマを紹介しています。子どもの現実を踏まえて、これが性教育の真髄といえる本です。

2. 村瀬幸浩『最新版 SEXOLOGY　NOTE』十月舎　2004
性の科学と性をめぐる人間関係論を軸にして、〝人間にとっての性〟をさまざまな角度から取り上げられており、性的教養として必要最小限の知識がまとめられています。

3. 関口久志『「性教育の壁」突破法！』十月舎　2004
性教育の実践編と理論編から構成されており、著者の「安心と安全の性と生」をめざすオリジナル授業が紹介されています。同じ著者で『「性教育の輪」連携法』もあります。

4. 丸山慶喜『人間まるごと学ぶ　丸さんの明るい性教育』澤田出版　2004
学習意欲を失っているかに見えた生徒たちを学びの世界に引き込んでいった、「性と生」の授業づくりを紹介。人間にとって重要な「性」の問題から、「人間の尊厳を大切にする」ことを導いた実践記録です。

5．浅井春夫『子どもの性的発達論「入門」』十月舎　2005
「性的発達」段階の綿密な分析をベースに時代と子ども・青年のニーズに応える包括的な性教育プログラムの全体像が描かれています。不当・異常な性教育バッシングに抗する正当・明快な回答書です。

6．性教協編『新版 人間と性の教育 1〜6』大月書店2006
「性教育のあり方、展望 1」（総論）、「性教育のネットワークQ＆A 2」（学校外での性教育と連携方法）、「いのちとからだ・健康の学習 3」（児童編）、「変化するからだと心の学習 4」（思春期編）、「性と生の主体者としての学習 5」（青年期編）、「人間発達と性を育む 6」（障がい児・者と性）

7．村瀬幸浩『性のこと、わが子と話せますか？』集英社新書　2007
長年性教育にたずさわってきた著者が小学生から思春期までの子どもとのやりとりを想定し、親がどう「性」を教えるかを具体的にアドバイスしています。

8．安達倭雅子『子どもと親と性と生』東京シューレ出版　2007
思春期を迎えるまでに、子どもと話しておきたい性のこと、いのちのこと、生きること。子育てに生かす性教育の本となっています。

9．大戸ヨシ子・村瀬幸浩・佐藤明子『ここがポイント！性と生のはなし60選』エイデル研究所　2007
具体的なテーマに即して、ベテランの経験を踏まえてコンパクトに性の話し方、そのポイントが述べられています。

10．安達倭雅子『増補版　暮らしの中の性教育』北海道新聞社　２００７
夫婦の関係や同性愛についてなど、性と人権について、また生き方の根本について学べる本です。

11．浅井春夫編『子どもと性』日本図書センター　２００７
「子どもの性行動・性意識」「性の多様性」「セクシュアル・ライツ」「性教育の理論と実践」など、それぞれの分野における重要な論稿がまとめられ紹介されています。

12．浅井春夫・杉田聡・村瀬幸浩共編『性の貧困と希望として性教育』十月舎　２００９
性の貧困の実態を明らかにしながら、〃メディア・リテラシー〃の視点から性教育の新たな課題が提示されています。

13．数見隆生『10代の性をめぐる現状と性の学力形成』かもがわ出版　２０１０
２年余の調査による若者の性の実態をふまえて、性の教材（カリキュラム）とその実践が提示されています。

14．橋本紀子『こんなに違う!! 世界の性教育』メディアファクトリー新書　２０１１
各国の性教育政策、学校やコミュニティでの性教育をどう行っているか、日本を含めた11カ国の性教育の現状についてわかりやすく書かれています。世界の性教育の流れが一望できる本です。

15．『季刊　セクシュアリティ』エイデル研究所
タイムリーで基本的なテーマを毎号特集し、実践にすぐ役立つとともに性教育の基本的な考え方を学ぶことができます。性教育を続けていく勇気を与えてくれるわが国で唯一の性と性教育の雑誌となっています。ぜひ定期購読を！

【テーマ別で深められる本】

1．〝人間と性〟教育研究協議会障害者サークル編『障害児（者）のセクシュアリティを育む』大月書店　2001

障がい児の性教育に長年取り組んできた筆者たちが集団的に検討を重ねて、障がい児・者の性教育のあり方を整理した貴重な内容となっています。

2．浅井春夫・橋本紀子・北村邦夫・村瀬幸浩『ジェンダーフリー・性教育バッシング―ここが知りたい50のQ＆A』大月書店　2003

ジェンダーフリー・性教育などへの攻撃が異常な形で行われていることに対して。本書はその背景を明らかにし、正しい理解を得るために22人の著者が50のQ＆Aでていねいに解説しています。

3．河野美代子『SEX&our BODY　10代の性とからだの常識』日本放送出版協会　2005

バストや包茎の話からセックス、妊娠、STDまで、親や先生が教えてくれない「10代の知りたいこと」が凝縮されています。

4．堀口貞夫・伊藤悟・大江千束・堀口雅子『10代からのセイファーセックス入門』緑風出版　2005

正しい性知識と、より安全なセックス＝セイファーセックスをするためにはどうすればよいか、Q＆A形式でくわしく解説されています。親子で、パートナー同士で読んでほしい一冊。

5．『子どもたちと育みあうセクシュアリティ～児童養護施設での性と生の支援実践～』クリエイツかもがわ　2005

児童養護施設での生活を通しての性教育と日常生活の場面での具体的な支援の基本とあり方が示さ

れています。生活の中の性教育、性被害などへの対応は大いに参考になります。

6. 高柳美知子編『Q＆A　子どもの性の相談室』　大月書店　２００６
編者を含め４人の性教育実践のベテランが新聞紙上での子どもの性の相談に的確に応えており、日常の性の出来事やトラブルに対応するうえで参考になります。

7. 金子由美子『思春期の育ちなおし』　エイデル研究所　２００７
真っ正面から「思春期」と向き合い、「思春期」って、どんなもの？という疑問に答えている本です。

8. 種部恭子・対馬ルリ子・吉野一枝『ティーンズ生理＆からだ＆ココロの本』かもがわ出版 ２００７
女の子から女性に変化するティーンズのからだと心の悩みに、婦人科医がきちんと答えてくれています。

9. 高橋裕子『デートＤＶと学校』　エイデル研究所　２０１０
デートＤＶで悩んでいる生徒と、その対応に苦しんでいる教師に解決の糸口を見出す一冊となっています。

10. 伊田広行『デートＤＶと恋愛』　大月書店　２０１０
デートＤＶについて、実践的な観点から問題を整理・分析してます。従来のＤＶ論に欠落していた「恋愛観」に関する考察を重視し、新しい恋愛像が提示されています。

11. ポルノ被害と性暴力を考える会編　『証言　現代の性暴力とポルノ被害』　東京都社会福祉協議会　２０１０
埋もれたままにある性暴力とポルノ被害の実態が福祉現場から描かれており、「性的リベラリズム」が闊歩する状況のもとでの性教育のあり方が問題提起されています。

12．木全和巳『〈しょうがい〉のある思春期・青年期の子どもたちと〈性〉』かもがわ出版　2011
「少年期・思春期・青年期」の課題の見取図が示され、人間発達の基本としょうがい児の自立・発達・危機への対応、また自慰の役割について具体的に述べられています。

13．伊藤真美子・杉山貴士『「性の学び」と活かし方』日本機関紙出版センター　2011
性的マイノリティのカミングアウトの方法論ともいえる内容がわかりやすく描かれており、また、性的マイノリティの子どもと親との正面からの向かい合いのあり方を示す、など、これまでにない内容の本です。

14．ロリー・ベケット編著、橋本紀子監訳『みんな大切！－多様な性と教育－』新科学出版　2011
オーストラリアで女性教員協会によって教師のための性教育ガイドとして出版された本で、さまざまな性を生きる子どもたちを大切にするためのポイントが示されています。

15．堀口雅子監著『思春期の月経　もっと知りたい自分の体』少年写真新聞社　2008
月経に関する基本的な知識と月経に伴うトラブルへの対応、月経時のセルフケアの方法など実に具体的に述べられており、教師・親・思春期の子どもたち必読の書です。

まとめにかえて ― 性教育を通して希望のメッセージを子どもたちへ

私事で恐縮ですが、２０１１年4月から1年間、沖縄での国内研究を大学で認められ、戦後沖縄の孤児院の歴史を中心に研究をすすめてきました。この1年間で出会った人たちはまさに財産そのものです。学校教育の現場、とりわけ特別支援学校・寄宿舎および障がい者支援の各種の現場、保育・学童保育、児童福祉施設、社会教育、子ども関連や生活保護の行政職の方々など、子どもを大切にする実践と社会づくりを願って努力している人たちがこんなに多くいることに感動を覚える日々でもありました。そうした人たちとともに作り上げたのが本書です。

２０１２年2月19日には〝人間と性〟教育研究協議会と全国障害者問題研究会沖縄支部との共催で「沖縄性教育セミナー」（沖縄国際大学）を開催し、２３０名の参加者で成功をさせることができました。

沖縄県〝人間と性〟教育研究協議会（略称：沖縄性教協）が5月26日に結成されました。大切な第一歩を踏み出すことになりましたが、これからが大変です。どうぞ性教協の会員（年会費五千円。会報と情報が届きます）になっていただき、一緒に沖縄での性教育の花を開かせましょう。定期的にセクシュアリティと性教育の情報をお届けすることになる『季刊　SEXUALITY』（エイデル研究所）の購読をぜひお願いいたします。おとなたちが真摯に学び、連帯のなかで学びあいをしていくことなしには性教育は根づきません。私たちが本気で性教育に取り組み、性教育を通して希望を子どもたちに届けたいものです。子どもたちとともに希望を語り希望を創りだしていけることを願っています。

執筆者のみなさんには本当に短期間のなかで原稿をお寄せいただきましたこと、心より感謝申し上げます。

末筆で恐縮ですが、ボーダーインク社の新城和博さんには大変無理をお願いしての出版でもありました。記して感謝申し上げます。

本書が沖縄のそして全国の子どもを想う多くの人たちに読まれ、広がっていくことを心より願っています。

２０１２年５月５日

編者・浅井春夫

著者紹介（掲載順）

浅井春夫　立教大学コミュニティ福祉学部教員。専門分野は児童福祉論、セクソロジー。〝人間と性〞教育研究協議会代表幹事、『季刊　SEXUALITY』編集委員、全国保育団体連絡会副会長、「こころとからだの学習」裁判全国連絡会代表委員、『子ども白書』編集委員。

笹良秀美　助産師・思春期保健相談士。現在、フリーの助産師として地域の母子保健性教育・思春期教育に携わっている。

赤嶺美保子　助産師。趣味は山登り・高山植物や野の花を愛でること。苦手なものは毛虫・ゲジゲジ。マイブーム、バイオリンのレッスン。

嘉手川重常　障がい者作業所設立運動に取り組み、県内初の「社会福祉法人」化を実現（81〜85）。教育実践・相談活動（86〜）沖縄大学地域研究所特別研究員（96〜08）。現、障がい児生活教育サークル代表。

佐藤明子　武蔵野美術大学非常勤講師。現在3つの大学で「人間の性と生」といった講座を担当している。小中高で性教育が抑制され、子どもたちが充分学べていない実情を学生の声から実感している。

村瀬幸浩　1989年より一橋大学講師、翌年津田塾大学講師、科目は「セクソロジー」。1982年〝人間と性〞教育研究協議会の設立に参画。現在同会幹事及び同会編集の『季刊　SEXUALITY』誌副編集長。日本思春期学会名誉会員。性の健康医学財団評議員。

船越裕輝　1970年生まれ。具志川市（うるま市）出身。琉球大学教育学部卒業。約20年間、養護学校（特別支援学校）に勤務。現在、大平特別支援学校部教員。

渡辺大輔　埼玉大学、千葉大学、都留文科大学、東京都立大学・首都大学東京、法政大学、千葉市青葉看護専門学校非常勤講師。博士（教育学）。

安達倭雅子　1979年「子ども110番」を皮切りに、性教協「性と性教育の電話相談」「チャイルド支援センター」理事を経て、現在「埼玉子どもを虐待から守る会」「育児不安電話」「24時間365日虐待通告電話」などの電話相談に従事。

内藤　茂　1973年、静岡市生まれ。大学卒業後会社勤めを経て、13ヵ月放浪の旅に出る（豪州・トルコ・キプロス・レバノン・韓国）。そこで子どもたちに魅せられ今の仕事に繋がる。帰国後夜間の専門学校に通い、保育士資格を取得。一児の父。

関口久志　京都教育大学教員。〝人間と性〟教育研究協議会代表幹事、『季刊　SEXUALITY』副編集長。専攻「人権に基づくセクシュアリティ教育」。

田部こころ　立教大学大学院　コミュニティ福祉研究科博士課程前期2年。〝人間と性〟教育研究協議会幹事。

はじめよう！性教育
すべての子どもが性を学ぶための入門書

二〇一二年六月一一日　初版第一刷発行

編　者　浅井　春夫
発行者　宮城　正勝
発行所　㈲ボーダーインク
沖縄県那覇市与儀226-3
http://www.borderink.com
tel　098-835-2777
fax　098-835-2840
印刷所　近代美術

ISBN978-4-89982-225-7